ARKANA

W0200918

Buch

In der Kindheit fühlen wir manchmal, was es heißt, einfach nur zu sein. Später verlieren wir dieses Gefühl, verlieren uns selbst in Wünschen und Zielen. Wir sammeln Erfahrungen, gehen Beziehungen ein und hoffen, außerhalb von uns zu finden, was in Wahrheit in uns selbst liegt. Ausgehend von eigenen Erfahrungen, weist Catherine Ingram in ihrem Buch den Weg zu jenem grenzenlosen Sein, das alle Existenz umschließt. »Leidenschaftliche Präsenz« nennt sie den Zustand, in dem wir uns mit der Welt verbunden fühlen wie ein Fisch mit dem Wasser. Ingram benennt sieben Qualitäten – Stille, Einfühlung, Körperlichkeit, Echtheit, Unterscheidungsfähigkeit, Daseinsfreude, Staunen –, die diesen Zustand des erwachten Bewusstseins auszeichnen. Wir brauchen sie nicht zu suchen. Denn sie kommen aus dem Kontakt mit unserer wahren Natur. Wir müssen uns nur an sie erinnern.

Autorin

Catherine Ingram lebt in Los Angeles und praktiziert seit zwanzig Jahren buddhistische Meditation. Sie lehrt das erneuerte Dharma und leitet seit 1992 die Dharma-Dialoge, interaktive Gespräche, die von Phasen der Ruhe und des Rückzugs durchzogen sind. Sie ist Mitbegründerin der Insight Meditation Society in Barre, Massachusetts, die als das bekannteste Buddhismus-Zentrum der westlichen Welt gilt. Als Mitarbeiterin von Zeitschriften und Buchautorin setzt sie sich mit dem Leben spiritueller Persönlichkeiten und Meditation auseinander.

CATHERINE INGRAM

Leidenschaftliche Präsenz, strahlendes Leben

Die sieben Qualitäten
erwachten Bewusstseins

Aus dem Amerikanischen von
Gisela Kretzschmar

ARKANA
GOLDMANN

Die amerikanische Originalausgabe erschien
im Februar 2003 unter dem Titel
»Passionate Presence« bei Gotham Books, New York.

Umwelthinweis:
Alle bedruckten Materialien dieses Taschenbuches
sind chlorfrei und umweltschonend.

1. Auflage
Deutsche Erstausgabe November 2003

Umschlaggestaltung: Design Team München
Satz: Uhl + Massopust, Aalen
Druck: Elsnerdruck, Berlin
Verlagsnummer: 21664
Redaktion: Gerhard Juckoff
WL · Herstellung: WM
Made in Germany
ISBN 3-442-21664-8
www.goldmann-verlag.de

IN LIEBE

für meinen Bruder

Glenn

(1963 – 2002)

Inhalt

Einführung

Seit Jahrtausenden ist die Suche nach Lebenssinn und Zugehörigkeit das glühendste Bestreben der Menschheit, und diesem Ziel dienen zahlreiche Religionen und Philosophien. Doch in unserer Zeit fühlen sich viele Menschen von allen Religionen und Philosophien abgestoßen, weil sie spüren, wie sehr solche gedanklichen Konstrukte in Aberglauben, Dogmen oder Machthierarchien gründen. Das Bedürfnis nach Lebenssinn und einem Gefühl von Zugehörigkeit bleibt dasselbe, aber die traditionellen Möglichkeiten zu seiner Erfüllung verlieren immer mehr ihren Reiz. Voller Verzweiflung haben wir den Konsum, die Technik und den Kult um Berühmtheiten zu unseren neuen Religionen gemacht, aber auch sie haben sich als unbefriedigend erwiesen. Die moderne Welt ist für viele Menschen zu einem seelenlosen Ort geworden.

Aus dieser Enttäuschung entwickelt sich ein starkes und wachsendes Interesse an einem Lebenssinn, der nicht auf Glaubensbekenntnissen oder Traditionen beruht, sondern ausschließlich auf direkter Erfahrung. Viele Menschen spüren den spirituellen, mysteriösen Atem des Daseins. Aber obwohl sie das Mysterium empfinden, bleiben sie doch im Denken verhaftet. Rationale Mystiker nenne ich sie. Solchen Menschen mag es so vorkommen, als stünden sie mit ihrer Weltsicht allein da, ohne in irgendeine der gängigen Religionen zu passen. Vielleicht haben sie sogar das Gefühl, überhaupt nicht in diese Welt zu passen.

Ich kenne die Einsamkeit sehr gut, die einen überfällt, wenn man sich nicht mehr als Teil einer spirituellen Tradition empfindet, aber gleichwohl einer rein mechanistischen oder biologistischen Lebensauffassung kritisch gegenübersteht. Vor einigen Jahren habe ich eine existenzielle Depression erlebt, die mehrere Jahre anhielt und eine zynische Einschätzung der Wirklichkeit nährte. Zuvor war ich seit Anfang der Siebzigerjahre auf einer spirituellen Reise gewesen, hatte bei bekannten Lehrern in Asien und im Westen studiert und mich einer weltweiten Gemeinschaft von Meditierenden angeschlossen, die hauptsächlich der buddhistischen Tradition folgten. Zusätzlich zu einer rigorosen Meditationspraxis studierten wir, was im Sanskrit *Dharma* genannt wird und frei übersetzt »die Wahrheit« oder »der Weg« bedeutet. Mehr als ein Jahrzehnt lang hatte ich außerdem als Journalistin gearbeitet und mich dabei auf die Themen Bewusstsein und soziales Engagement spezialisiert, um in Kontakt mit einigen der größten spirituellen Führer und Denker unserer Zeit zu kommen und gewissermaßen Privatunterricht bei ihnen nehmen zu können. Das waren berauschende Jahre, in denen ich mich als Teil einer wachsenden spirituellen Bewegung empfand.

Aber dann kam ich an einen Punkt, wo mir alles sinnlos erschien. Alle religiösen Überzeugungen begannen zu zerbrechen und kamen mir nur noch wie Märchen vor, mit denen wir versuchen, unsere Besorgnis angesichts der Sinnlosigkeit des Lebens und unsere Angst vor dem Tod zu mildern. Dieses Zusammenbrechen aller Überzeugungen geschah ganz von selbst, und nichts hätte ich mir weniger gewünscht. Schließlich ist es ausgesprochen tröstlich, eine nette schlüssige Geschichte über den Sinn des Lebens und einen festen Glauben an ein »Danach« parat zu haben. Stattdessen stürzte ich in eine Weltsicht, die sinnlos und herzlos war. Nachdem ich schon lange erkannt hatte, wie vergeblich es ist, im Erwerb von Macht oder Geld Frieden finden zu wollen, und nun auch jede Verbindung zum Dharma verloren hatte, fühlte ich mich in allen Welten fremd. Ich sprach nicht mehr die Sprache meiner ältesten und liebsten Freunde, und eine kalte Verzweiflung ergriff mich.

Der Silberstreif am Horizont der Depression liegt darin, dass sie uns manchmal eine frische Perspektive eröffnet. Wenn unsere Strategien versagt haben und wir nirgendwo Trost finden, können wir entweder verrückt werden oder erkennen, dass das, was wir uns immer gewünscht haben – eine leidenschaftliche Lebendigkeit, eine Präsenz, die von innerem Frieden erfüllt ist –, sich, seltsam genug, in einer einfachen Veränderung der Wahrnehmung findet.

In meinem Fall weckte mein inzwischen verstorbener Lehrer H.W.L. Poonjaji aus Indien in mir eine Klarheit, die mich die Geschichte meiner Depression objektiv betrachten ließ und mir den Durchbruch zu dem darunter liegenden Frieden gewährte, wobei sich die Depression im Verlauf dieses Prozesses auflöste. Poonjaji zeigte mir, wie es möglich ist, im stillen Zentrum des eigenen Seins zu leben und dabei gleichzeitig voll aktiv zu bleiben. Er lebte voller Leidenschaft, genoss die Freuden des Daseins, ohne die Tragödien darüber zu vergessen. Gleichwohl spürte man, dass in seinem Inneren eine Ruhe herrschte, die von der Welt unberührt blieb.

Trotz meiner langjährigen Meditationspraxis hatte ich nie eine dauerhafte innere Stille erlebt. Ich hatte versucht zur Ruhe zu kommen, indem ich Techniken anwandte, die den Geist zähmen sollen, aber vergeblich. Doch nun waren alle Bemühungen, die Gedanken zur Ruhe zu bringen, überflüssig, und meine Aufmerksamkeit begann mühelos in der Stille jenseits aller Gedanken zu ruhen. Es tauchten immer noch verrückte Gedanken auf, aber mein Interesse an ihnen ließ nach. Bewegungen des Geistes, Emotionen, Furcht oder Begeisterung wurden zu Wellen auf einem Ozean des Friedens. So wie Bergsteiger in großen Höhen längere Pausen einlegen müssen und ein Lager aufschlagen, in dem sie abwarten, bis sich ihr Körper an die Lebensbedingungen in dieser Höhe angepasst hat, spürte ich, wie mein Bewusstsein sich an die Stille anpasste, ohne dass ich etwas dazu beitrug. Allein die Stille vollbrachte das Werk, so wie der Aufenthalt in einer größeren Höhe dazu führt, dass sich der Körper des Bergsteigers anpasst.

Innerhalb dieser Stille begann ich auch ein strahlendes Leben in allem zu spüren, und ein Gefühl der Liebe überwältigte mich. Ich erkannte, dass ich diese selbstverständliche Lebendigkeit und Liebe an der Peripherie meines

Bewusstseins immer schon empfunden hatte; sie war mir vollkommen vertraut. Reine Lebendigkeit in jedem Augenblick ist unsere grundlegende Erfahrung, auch wenn wir uns scheinbar in den Geschichten und Aktivitäten unseres Daseins verlieren. Sie ist für uns genauso selbstverständlich wie das Atmen. Zugleich ist sie unsere klarste Erinnerung, wenn wir an die Anfänge unseres Lebens zurückdenken. Die Einzelheiten sind uns vielleicht nicht mehr deutlich im Gedächtnis, aber unsere *lebendige Existenz* als solche ist uns klar bewusst. Ob wir nun vier, zehn, zwanzig oder neunzig Jahre alt sind, immer wird unsere Erfahrung durch die schlichte Tatsache unseres Daseins bestimmt und, wenn wir tiefer gehen, durch ein Gefühl von Liebe.

Ich erinnerte mich, dass ich dieses Gefühl in meiner frühesten Kindheit erlebt hatte, wenn ich mit meiner italienischen Großmutter Caterina Versace zusammen war, die starb, als ich sieben Jahre alt war. Sie war für mich wie eine Mutter gewesen. Ohne zu reden, pflegten wir durch ihren Garten mit den blauen Hortensien zu gehen, und drinnen wie draußen schien alles zu leuchten und zu schimmern. Damals kam mir das völlig normal vor.

Aber als ich älter wurde, verlor sich dieses Gefühl irgendwie. Obwohl ich mir der Lebendigkeit und Liebe immer bewusst war, übersah ich sie, während ich nach der *Bedeutung*, dem *Sinn* und den Versprechungen des Lebens suchte. Als ich Poonjaji kennen lernte, hörte diese Suche auf; statt dessen lernte ich das Mysterium schätzen, und ein neues Bewusstsein erwachte in mir. Das Gefühl einer allem zugrunde liegenden Einheit überkam mich. Alles war an seinem Platz – einfach so.

Dieses Verständnis geht einher mit einem Empfinden der Zugehörigkeit. Ich erkannte, dass wir nicht bloß miteinander verbunden sind; wir alle sind von derselben Essenz durchdrungen, der Essenz all dessen, was existiert. Wenn wir uns dieser Empfindung hingeben, verschwenden wir unsere Zeit nicht mehr damit, uns an Dinge zu klammern, die sich in Staub verwandeln, oder abstrakten Ideen wie jenen von *Bedeutung* und *Lebenssinn* nachzujagen. Wir haben dann ein Gefühl von vollkommener Einheit; die Welt ist uns vollständig zu Eigen. Es ist nicht so, dass wir sie besitzen würden, sondern wir sind mit ihr identisch. So wie jeder Wassertropfen mit dem Wasser identisch ist.

Es gibt eine Geschichte über einen kleinen Fisch, der zu seinem älteren und klügeren Fischfreund schwimmt und sagt: »Du redest ständig über Wasser. Ich habe überall danach gesucht und konnte es nirgends finden. Ich habe alle Texte studiert, eifrig praktiziert und geübt und mich mit denen getroffen, die es kennen, aber ich habe es nicht gefunden.« Der kluge alte Fisch antwortet: »Ja, mein Lieber. Ich sage es dir doch immer wieder: Du schwimmst nicht nur in diesem Augenblick im Wasser, sondern du bestehst auch daraus.« Der kleine Fisch schüttelt frustriert den Kopf und schwimmt davon, wobei er sagt: »Vielleicht werde ich es eines Tages doch noch finden.«

Wir sind diesem kleinen Fisch so ähnlich. Wir suchen überall da draußen nach unserem inneren Selbst. Wir sammeln Erfahrungen, Beziehungen, Kenntnisse und Gegenstände. Wir hoffen auf die Anerkennung durch andere, die uns aufwerten soll. Aber auch wenn wir dabei Vergnügen empfinden oder Belohnungen empfangen, übersehen wir doch oft unser größtes Geschenk, das vor unseren Augen liegt und doch verborgen scheint: unsere eigene strahlende Lebendigkeit. Wir übersehen dieses Geschenk, weil wir anderswo so eifrig nach anderen Dingen suchen. Solange wir nur glücklich sein können, wenn wir uns durch irgendetwas aufgewertet fühlen, erleben wir immer wieder Enttäuschungen. Wenn wir uns selbst Geschichten darüber erzählen, was uns fehlt, zwingen wir uns, unablässig nach den fehlenden Dingen zu suchen, und werden dabei, wie Poonjaji es ausdrücken würde, zu Lasttieren, die ein Verrückter vorantreibt. Das Glück kommt in einem Zustand entspannter Einfachheit, wenn wir im Bewusstsein des gegenwärtigen Augenblicks da sind und mit dem Leben zufrieden sind, das uns gewährt wird.

Weil sie einfach ist, was sie ist, kommt diese Sichtweise mühelos in tiefer Entspannung. Wenn wir unsere Suche aufgegeben haben (gewöhnlich aufgrund von Enttäuschungen) und nicht mehr darauf hoffen, dass irgendetwas da draußen uns ein Gefühl von Vollständigkeit vermitteln könnte, fangen wir vielleicht an, eine verblüffende Art von Lebendigkeit zu bemerken – wie erfüllend es ist, einfach da zu sein –, und diese Empfindung des Daseins erstreckt sich ins Unendliche und schließt alles ein, was existiert.

Gewöhnlich verbinden die Leute das Gefühl leidenschaftlicher Präsenz mit den Augenblicken, in denen das Leben in Erscheinung tritt – bei der Geburt oder beim

Tod. Sie geben sich ganz hin in sexueller Vereinigung, in der Natur oder im Anblick einer herzergreifenden Schönheit. In diesen Momenten vergessen sie ihre Geschichte von einem »Ich«, das eine Erfahrung macht, und alles, was übrig bleibt, ist die tatsächliche Erfahrung der Lebendigkeit. Aber solche Gipfelerlebnisse sind nur die Pforten zu unserer wahren Natur, die sich immer schon ganz von alleine entfaltet.

Was als Verwirklichung bezeichnet wird, ist lediglich das Gefühl dieser reinen Lebendigkeit im Hier und Jetzt, wenn wir das gewöhnliche Wunder des einfachen Daseins bewusst wahrnehmen. Wir brauchen es nicht zu erlangen, weil es bereits geschieht. Dazu sind keine besonderen Umstände nötig, keine Gipfelerlebnisse, keine verdienstvollen Vorbereitungen. Es ist in jedem Augenblick unseres Lebens vollkommen präsent. Es bleibt frisch und unschuldig trotz all unserer Trauer und Reue angesichts der Leiden und Fehler, die wir als Teil unseres Lebens empfinden. Keine Not und keine Sünde können ihm Schaden zufügen, genauso wenig wie irgendwelche edlen Taten es aufwerten können. Zahllose Gedanken und Erfahrungen kommen und gehen, und nichts davon bleibt haften.

Mich hat zwar der Kontakt zu einem Lehrer bei diesem Erwachen unterstützt, aber das ist nicht immer notwendig. Im Grunde hängt eine solche Bewusstseinsveränderung nicht von bestimmten Umständen ab. Wir alle verfügen über eine klare Wahrnehmung, die unter dem Einfluss von Ängsten, Verlusten und Ansichten verdunkelt wird. Wenn wir uns tief in die Stille hinein entspannen, leuchtet unser

Bewusstsein mühelos mit einer alles verwandelnden Brillanz. Dann leben wir als vernünftige und praktische Menschen, aber stets mit einem Augenzwinkern. Wir gehen wie gewöhnlich unseren Geschäften nach – telefonieren, sorgen für die Kinder, fahren mit der U-Bahn –, und bei allem genießen wir ein stilles Gefühl von Lebendigkeit. Wir sind uns des großen Mysteriums bewusst, spüren die Ausstrahlung seiner lebendigen Gegenwart überall und erfüllen dabei gleichzeitig unsere alltäglichen Pflichten.

Ich fand 1992 zu diesem Verständnis, ursprünglich auf Einladung des spirituellen Lehrers Ram Dass, der den Klassiker *Sei jetzt hier* geschrieben hat. Seit jener Zeit reise ich viel und führe öffentliche Veranstaltungen in den USA und Europa durch. Diese Versammlungen, die *Dharma-Dialoge* genannt werden, sind Diskussionsrunden, die mit Phasen des Schweigens wechseln. Ihr Zweck besteht darin, die Aufmerksamkeit auf die bewusste Wahrnehmung des lebendigen Augenblicks zu lenken und unsere gewohnte Geisteshaltung zu durchbrechen, die immer wieder versucht, sich aus dieser Präsenz herauszuwinden. Jede Veranstaltung verläuft unterschiedlich, eine Art improvisierter sokratischer Dialoge, die in den meisten Fällen schließlich zum Schweigen führen.

Neben den Dharma-Dialogen habe ich auch viele Retreats geleitet, bei denen die Teilnehmer einfach mehrere Tage lang schweigen. Bei diesen Gelegenheiten, wenn die Menschen frei in den tiefen Gewässern ihres Daseins treiben, habe ich bemerkt, dass eine überraschend einheitliche Intelligenz zutage trat. Diese Intelligenz ist transkulturell und hängt nicht von biologischen Fähigkeiten oder einer bestimmten Bildung ab. Menschen, die man im herkömmlichen Sinne nicht für besonders intelligent hält, machen diese Erfahrung ebenso wie andere Teilnehmer, deren formale Bildung sehr gering ist. Man könnte in diesem Zusammenhang von einer Intelligenz des Herzens sprechen, denn sie sucht nach Harmonie und Ausgleich. Ich bezeichne sie als erwachtes Bewusstsein, denn sie ist uns allen angeboren und wacht einfach plötzlich auf. Auf dieses Bewusstsein beziehen wir uns, wenn wir sagen, dass wir »geistig präsent« sind. Man könnte ergänzen, dass erwachtes Bewusstsein auch bedeutet, mit dem Herzen präsent zu sein. Wenn unser Geist und unser Herz präsent sind, dann sind wir instinktiv liebevoll, großzügig und klar.

Ich habe viele Jahre über den universellen Charakter dieses Bewusstseins nachgedacht. Vor allem in Retreats ist mir aufgefallen, dass die Teilnehmer bei den täglichen Gruppensitzungen die gewöhnlichen Ereignisse ihres Tages in einer fast mystischen Poesie beschrieben. Mir wurde dabei klar, dass das, was wir heute als mystische Poesie früherer Zeiten bezeichnen, schlichte Beschreibungen der Wirklichkeit sind, so wie sie von Leuten wie Rumi oder Hafiz im 13. und 14. Jahrhundert wahrgenommen wurde. Sie wollten gar nicht poetisch sein. Sie beschrieben nur die Gefühle und das Leben, wie sie es wirklich empfanden. Sie berichteten von der Ebene des erwachten Bewusstseins aus.

In den Retreats bemerkte ich auch, dass Teilnehmer, denen solche Vorstellungen bisher völlig fremd gewesen waren, ihre Erfahrungen ganz ähnlich beschrieben. Ich war oft verblüfft, wenn beispielsweise jemand, der in einer ländlichen Region von Schottland lebte, seine Wahrnehmungen und Gefühle mit fast den gleichen Worten beschrieb wie jemand, der auf Hawaii lebte. Ich erkannte, dass diese Intelligenz auch zeitlos ist, dass das erwachte Bewusstsein von Buddha, Christus oder Rumi sich nicht grundsätzlich von unserem eigenen unterscheidet. Im Laufe der Jahrhunderte sind die Menschen in verschiedenster Weise auf diese uns innewohnende Intelligenz gestoßen und haben sie in der Kunst, Poesie, Musik, Wissenschaft und in der Religion ausgedrückt.

Ich begann, über die Ähnlichkeiten nachzudenken und zu staunen, die ich bei den individuellen Ausdrucksformen des erwachten Bewusstseins beobachtete. Es wurde mein heimliches Hobby, bei meinen Reisen durch die Welt auf solche Ähnlichkeiten zu achten. Eines Nachts erwachte ich aus einem Traum, in dem ich sieben Haupteigenschaften identifiziert hatte, die auf natürliche und übereinstimmende Weise im Zustand des erwachten Bewusstseins auftreten. Ich stand auf, notierte sie und ging wieder ins Bett, um weiterzuschlafen. Als ich mir am nächsten Morgen meine Notizen anschaute, sah ich die Grundstruktur für dieses Buch vor mir.

Die sieben Qualitäten – Stille, Einfühlung, Köperlichkeit, Echtheit, Unterscheidungsfähigkeit, Daseinsfreude und Staunen – sind jedem Menschen vertraut. Aber oft übersehen wir sie bei unserem Streben nach weltlichen Dingen oder spirituellen Fortschritten. Im erwachten Bewusstsein sind sie jedoch unsere täglichen Begleiter und besten Freunde. Sie kommen aus unserer eigenen angeborenen Weisheit und leiten uns besser, als jede Philosophie es je könnte.

Deshalb soll dieses Buch einfach nur an das erinnern, was wir alle in unserem tiefsten Herzen, in unserem eigenen erwachten Bewusstsein schon wissen. Eine Frau, die kürzlich das Manuskript gelesen hat, berichtete, sie habe während des Lesens oft gedacht: »Ja, vollkommen richtig, aber wie kommen wir dahin?« Das Paradoxe daran ist, dass sie sich in dem Moment, als sie dachte: »Ja, vollkommen richtig…«, schon im erwachten Bewusstsein befand. Wir brauchen uns nicht anzustrengen, um es zu finden, und wir brauchen uns auch nicht intellektuell daran festzuklammern. Ich sage immer, dass unsere Einsichten am besten schmecken, wenn sie frisch sind. Es ist nicht nötig, uns an irgendetwas für später zu erinnern. Wenn man versucht, danach zu greifen und etwas davon festzuhalten, wird es am Ende schal. Entspannt man sich jedoch in das stille Zentrum des eigenen Daseins, dann nimmt man bewusst jedes Aufblitzen des Mysteriums wahr, dem wir auf unserem Weg begegnen.

Stille

Sie war schon so lange auf der Suche gewesen, dass ihr die Gründe dafür gar nicht mehr klar waren. Sie bewegte sich einfach, Schritt für Schritt, zu müde, um zu denken. Nachdem sie unlängst ausgerutscht und in ein Dickicht gefallen war, hatte sie nun zahlreiche blaue Flecken und Kratzer und war zu den kühnen Sprüngen früherer Zeiten nicht mehr fähig. Als sie in der Ferne einen Fluss sah, ging sie darauf zu, um etwas zu trinken und ihre Wunden zu waschen. Anschließend legte sie sich unter einen Baum in der Nähe des Ufers, weil sie dachte, wenn sie sich ein wenig ausruhte, dann könnte sie ihre Reise mit neuer Entschlossenheit fortsetzen. Immerhin war die Suche wichtig. Außer der Suche gab es nichts.

Sie war gerade dabei einzuschlafen, als sie eine alte Frau bemerkte, die in der Nähe am Flussufer saß. Die Frau, die ins Wasser gestarrt hatte, drehte sich um und öffnete schweigend ihre Arme mit den Handflächen nach oben, als ob sie sagen wollte: »Einfach das.«

Ja, einfach das, dachte sie, während sie in einen tiefen Schlaf sank.

Als sie einige Stunden später aufwachte, war der Abend hereingebrochen, und die alte Frau war fort. Beim Aufste-

hen bemerkte sie, dass etwas sehr anders geworden war. Die Sterne waren jetzt leuchtende Nadelspitzen im Inneren ihres Daseins. Ihr Licht kam nicht mehr aus weiter Ferne, sondern war eingehüllt von ihrem Bewusstsein wie strahlende Prismen innerhalb der weiten Landschaften ihres Selbst. Der Fluss und seine Geräusche, die Bäume und ihr Duft – alles existierte nun in einem großen Ganzen, einer multidimensionalen Leinwand aus Farben, Formen und Empfindungen. Und sie erkannte blitzartig, dass es immer so gewesen war.

Ihre rastlosen Gedanken, die so lange ihre einzigen Gefährten gewesen waren, verschwanden ins Leere, sobald sie auftauchten, so als würden sie in den Weltraum hinausgezogen. Sie waren Geflüster in einer Kathedrale. Sie waren Geister ohne Bedeutung. Sie erinnerte sich, dass sie auf der Suche gewesen war, aber jetzt kam ihr diese Vorstellung seltsam vor, und sie fand das alles nicht mehr wichtig.

Die Stille schien andererseits fast laut zu sein. Sie verbrachte den Rest der Nacht mit dem Gefühl, ein Vogel zu sein, der gerade aus seinem Käfig befreit und in einem Palast aus Sternenlicht erwacht war. Die Stille wurde hin und wieder durch die Worte »einfach das« unterbrochen, aber sogar diese Worte waren ein Teil der Stille.

Das Ende der Suche

> *»Wenn du beginnst zu verstehen, was du bist, und nicht mehr versuchst, es zu ändern, dann wird das, was du bist, transformiert.«*
>
> J. Krishnamurti

Mein Leben als Suchende war motiviert durch verschiedene Leiden und die Sehnsucht danach, mich leidenschaftlich lebendig zu fühlen. Davon angetrieben jagte ich Erfahrungen nach, rannte vor meinem leidenden Selbst weg und auf alles zu, was mir aufregend erschien. Ich wollte alle Möglichkeiten erkunden, in denen die Geheimnisse des Lebens verborgen sein könnten, und das führte zu einer erschöpfenden Hetze.

Als spirituelle Sucherin und Journalistin war ich zwei Jahrzehnte lang unterwegs zu den Menschen, die ich für die größten Weisen unserer Zeit hielt, und interviewte sie für die verschiedensten Publikationen. Ich half bei der Organisation von Meditationsretreats und Meditationszentren, alternativen Bildungsprogrammen und bei einer Einrichtung, die sich für ausgebeutete Nationen und Menschen einsetzt – und überall traf ich auf die Menschen aus diesen Bereichen, die ich aus der Ferne bewundert oder von denen ich angenommen hatte, ich könnte etwas von ihnen lernen. Dabei erkundete ich ein weites Spektrum gesellschaftlicher Schichten, bewegte mich unter den reichen Eliten ebenso wie im Umfeld der ärmsten Randgruppen.

Und ich meditierte. Ich beobachtete meine Gedanken,

Empfindungen, Absichten, Begierden, Emotionen, Schmerzen und Atemzüge, bis ich schließlich die Landschaft meines Geistes so gut kannte, dass keine Verrücktheit darin mich noch überraschen konnte. Fast zwanzig Jahre lang praktizierte ich buddhistische Meditation in den USA, in Europa und Asien und studierte die berühmten Texte der asiatischen Philosophie.

Immer wieder reiste ich durch die Welt, manchmal als Dharma-Bum, manchmal als Journalistin, die ein ungebundenes Leben führt, und manchmal erster Klasse. Ich zog mit dem Rucksack auf dem Landweg von Italien nach Indien, überquerte per Anhalter die marokkanische Wüste, schwamm mit Delphinen, paddelte im Kajak zwischen Orka-Walen herum, schlief unter den Sternen in Afghanistan und bestieg Berge in Argentinien, der Schweiz und Indien. An der kambodschanischen Grenze fuhr ich über Straßen, die mit Landminen gespickt waren, und berichtete über den Bürgerkrieg dort, und ich saß mit vielen der größten spirituellen Lehrer unserer Zeit an einigen der friedlichsten Orte auf Erden. Ich besuchte Ladakh im ersten Jahr, nachdem es seine Grenzen für Touristen geöffnet hatte, verbrachte viele Nächte damit, an den Ghats indischer Flüsse zu sitzen und zu beobachten, wie dort die Toten verbrannt wurden, sang Chants zu Shivas Ehren in Benares nächtelang und tanzte in Jamaika Reggae bis zum Morgengrauen.

Ich beobachtete eine Mondfinsternis auf einem Segelboot im Südpazifik, berauscht von bewusstseinserweiternden Drogen, und ich beobachtete eine andere Mondfinsternis, während ich mich in einem verschneiten Kloster in New England aufhielt, berauscht vom Schweigen. Ich war Teil einer internationalen Gemeinschaft interessanter, witziger und freundlicher Menschen, die sich für spirituelle, soziale und ökologische Fragen interessierten. Ich besuchte Konferenzen und machte Urlaub in den exotischsten Gegenden der Welt. Ich las wichtige Werke der Literatur, Sachbücher und Veröffentlichungen über die moderne Wissenschaft. Während dieser Zeit hatte ich auch einige Liebesbeziehungen mit unglaublichen Männern und verliebte mich einmal so wild, leidenschaftlich und erotisch, dass ich mich vielleicht nie ganz davon erholen werde.

Aber immer fehlte etwas, und so ging die Suche weiter. Das Problem war: Ganz gleich, wie zufrieden und lebendig ich mich in Momenten tiefer Erfahrung fühlte, nie war dieser Zustand von Dauer. So wie der Hunger einige Stunden nach einem Feinschmeckermahl zurückkehrt oder man bald nach dem Trinken wieder durstig ist, so war das Gefühl der Erfüllung zeitlich begrenzt. Ich sehnte mich nach einer tiefen und dauerhaften inneren Befriedigung, aber ich fand immer nur eine Ansammlung von Erfahrungen, die alle zu Ende gingen.

Mit der Suche hatte ich mehr aus mir selbst machen wollen. Ganz gleich, wie edel meine verschiedenen Bestrebungen waren, meine wichtigste Motivation dabei war immer die gewesen, *mich* aufzuwerten. Sogar in der Meditationspraxis hatte ich darauf gehofft, eines Tages etwas zu erlangen, etwas zu gewinnen, das mir noch fehlte. Ich würde zu Einsichten, Erkenntnissen, Satori oder Erleuchtung finden, und dann würde ich mich vielleicht zurücklehnen können. Immer wieder stürzte ich mich auf die nächste Erfahrung, den nächsten »Schuss«. Und in jedem elektrisierenden Augenblick der Lebendigkeit war ich mir bewusst, dass sein Ende nahte und ich auf andere Weise dieses Gefühl wieder würde herbeiführen müssen. Nichts konnte ich vollkommen genießen, weil mich immer die Sehnsucht ablenkte, den Augenblick für später festzuhalten. Ich verpasste die Erfahrung, die mir die Gegenwart bot, so wie Menschen, die eine abenteuerliche Reise unternehmen und die meiste Zeit damit verbringen, Fotos zu machen, um die kostbaren Augenblicke für später einzufangen. Dabei sehen sie die Gegenwart immer nur durch eine winzige Linse, fixiert auf eine Zukunft, die niemals kommt.

Der Kontakt zu meinem Lehrer Poonjaji weckte in mir die Einsicht, die wusste, dass es nichts zu tun oder zu erlangen gab und dass die Suche selbst das Problem war. Schon die bloße Idee einer Suche setzt den Gedanken voraus, dass etwas fehlt. Am Anfang steht das Gefühl eines Entzugs. Aber was wäre, wenn wir wüssten, dass uns – in diesem Augenblick – nichts fehlt, dass wir für die Erfahrung des Lebendigseins nichts weiter brauchen, als lebendig zu sein? Warum sollten wir dann etwas suchen wollen? Worauf würden wir hoffen? Stellen Sie sich das jetzt einmal vor: Was wünschen Sie sich für die Zukunft? Was würde die Erfüllung dieser Wünsche Ihnen gewähren? Was immer es sein mag, steht es Ihnen nicht auch jetzt in Ihrem Inneren zur Verfügung? Poonjaji hat immer gesagt, wenn man das erkennt, bricht man in Gelächter aus, weil das, wonach man sucht, immer in Reichweite ist und wir es nur nicht sehen. Er hat die Situation damit verglichen, »dass man nach seiner Brille sucht, während man sie auf der Nase hat«.

In unserem tiefsten Innern herrscht eine fast vertraute Stille. Sie war dort stets vorhanden, während wir suchten und uns sehnten, in allen Situationen unseres Lebens. Sie ist ein Hort des Friedens, ein stilles Zeugenbewusstsein, das von keinem äußeren Ereignis gestört werden kann. Eingetaucht in dieses Bewusstsein lebt man völlig entspannt in der Gegenwart, heißt uneingeschränkt willkommen, was kommt, und lässt ohne Vorbehalte gehen, was geht – und fühlt sich währenddessen lebendig. Dieses Bewusstsein liegt nicht in der Ferne oder in der Zukunft, sondern es ist hier und jetzt gegenwärtig.

Wenn wir uns beispielsweise einen Film ansehen, dann schwimmen wir vielleicht in einem Meer von Emotionen – furchtsamen, romantischen, lustigen oder tragischen. Wenn die Geschichte besonders bewegend ist, dann kann ein einziger Film alle diese Emotionen auslösen. Aber sosehr uns der Film auch mitreißen mag, wie ergriffen wir auch sein mögen, in unserem Innern herrscht stets das stille Zeugenbewusstsein, und wir wissen ganz genau, dass wir im Kino sitzen. Wäre das nicht so, würden wir mit Sicherheit die Flucht ergreifen, sobald auf der Leinwand die erste Furcht erregende Szene erscheint. Wir würden um unser Leben rennen, sobald die erste Waffe auf uns zielt oder die erste Feuersbrunst näher kommt, wäre da nicht jener Teil unseres Bewusstseins, der genau weiß, dass die Bilder auf der Leinwand nicht unsere fundamentalste Wirklichkeit darstellen.

Auf ähnliche Weise gibt es einen Bereich stillen Bewusstseins, der allen Ereignissen unseres Tages zugrunde liegt. Obwohl wir manchmal von Emotionen ergriffen werden oder uns in einer bestimmten Geschichte verlieren können, zieht sich durch alle unsere Dramen eine tiefere Wirklichkeit der stillen Lebendigkeit. Dies ist eher die Stille des Herzens als ein erzwungener Verzicht auf Worte oder Taten. Diese Stille ist, so könnte man sagen, der Hintergrund all unserer Aktivitäten. Wir brauchen sie nicht zu finden, weil wir sie nie verloren haben.

Wenn das so ist, warum gibt es dann so viel Suchen und Sehnen? Die Suche lockt uns, weil der Geist auf diese Weise eine Aufgabe findet. Anscheinend sind wir in gewisser Weise genetisch darauf programmiert, uns in Gedanken unablässig mit Begierden und Abneigungen zu beschäftigen, eine verzweifelte Flucht vor dem *Jetzt*. Vielleicht hat die Natur gefordert, dass wir in Bewegung bleiben, um lebendig zu bleiben, aber dieses Verhalten wird heute lebensfeindlich. Auf unserer gegenwärtigen evolutionären Stufe ist es nicht mehr nützlich, ständig Furcht und Gier zu empfinden, um im Konkurrenzkampf mit anderen zu überleben. Wir können uns das nicht mehr leisten, weil es uns auf direktem Weg in die Katastrophe führt.

Gleichwohl ist es seltsam, wie sehr wir uns gegen den Frieden und die Stille wehren, die in unserem Innern stets verfügbar sind. Vielleicht hat das damit zu tun, dass uns das

Ruhen in schlichter Lebendigkeit so fremd ist, weil wir unser Leben lang an komplizierte Gedanken gewöhnt waren und diese Art von Komplikation mit einem Gefühl von Lebendigkeit verwechseln. Oder wir meinen, ohne ein Projekt, das unsere Gedanken fesselt, würden wir uns langweilen. Vielleicht finden wir es auch bedrohlich, zu spüren, wie weit und frei das Leben plötzlich erscheint, wenn unsere Gedanken nicht auf der Jagd sind. Wie der Gefangene nach seiner Entlassung rasch einen Weg zurück ins Gefängnis sucht oder ein Vogel sich weigert, seinen Käfig zu verlassen, wenn die Tür geöffnet wird, fühlen wir uns manchmal von der Freiheit entmutigt und ziehen uns in die enge, aber vertraute Kammer unseres geschäftigen Geistes zurück.

Aber im Zustand des erwachten Bewusstseins gewöhnt sich der Geist an die Worte und Stille. Er lernt, neurotische Gedanken treiben und ins Nichts verschwinden zu lassen, und allmählich verliert er das Interesse an ihnen, auch wenn sie weiterhin auftauchen. Desinteresse an neurotischen Gedanken schränkt ihre Macht ein. Was interessanter wird, ist die offene Weite des Bewusstseins, in dem alle Gedanken und alle anderen Dinge auftauchen und sich wieder auflösen. Und weil das ständig so weiter geht, können wir diesen Prozess in jedem Augenblick wahrnehmen. Gerade jetzt, während Sie diese Worte lesen, spüren Sie vielleicht die grenzenlose Lebendigkeit, in der Sie selbst, die Worte und alle Dinge um Sie herum treiben.

Dieses stille Zeugenbewusstsein hat etwas Strahlendes; es ist aufmerksam, aber entspannt. Es ist nicht das Aufleuchten eines Gedankens, sondern das Strahlen der reinen Wahrnehmung, eine unpersönliche Intelligenz. Es achtet nicht besonders auf die Gedanken, die seine Ruhe stören könnten, sondern lässt sie einfach kommen und gehen. Man hat nicht das Gefühl, mehr zu brauchen, um zufrieden zu sein, und deshalb herrscht eine tiefe Zufriedenheit.

Und plötzlich ist die Suche vorüber. Wir brauchen nirgendwo hinzugehen, weil alles, so wie es ist, in Ordnung ist, wir selbst eingeschlossen. Wir brauchen nichts zu tun, um hierher zu gehören, weil wir uns nicht vom Leben getrennt fühlen. Mehr denn je genießen wir dieses Leben und nehmen leidenschaftlich Anteil daran, aber wir stehen nicht mehr als Bettler an seiner Tür, suchen nicht mehr nach Liebe, statt Liebe zu sein. Wir erkennen, dass das, was wir wirklich wollten, nichts war, was man durch Suchen erlangen kann, sondern sich ergibt, wenn es gefunden wird. Wir sind wie der verlorene Sohn in der Parabel, die Jesus erzählt. Nachdem wir lange umhergezogen sind, uns verirrt und ein lasterhaftes Leben geführt haben, immer am falschen Ort auf der Suche nach Glück, kommen wir schließlich nach Hause. Und so wie der Vater seinen eigenwilligen Sohn umarmt und ihm zu Ehren ein Fest gibt, werden wir jedes Mal in unserer eigenen strahlenden Lebendigkeit willkommen geheißen.

Sogar wenn wir intensiv im gegenwärtigen Augenblick leben, taucht in der Regel weiterhin die gewohnte Geschichte über uns selbst auf. Wir öffnen morgens die Augen und sind uns erst einmal einfach bewusst, dass wir sehen und empfinden. Noch denken wir dabei nicht an eine Person, die eine Erfahrung macht. Es gibt nur reines Bewusstsein, schlichtes Dasein. Dann kommen die Gedanken langsam in Bewegung und sammeln sich um das alte, abgetragene Subjekt, das »Ich« mit seiner Geschichte. Von dieser Geschichte gibt es so viele Versionen, wie es Menschen gibt, die sie erzählen. Und je mehr sie das Bewusstsein beherrscht, desto mehr fordert sie, erzählt zu werden.

Wir alle haben das schon erlebt: Bei irgendeinem gesellschaftlichen Ereignis werden wir von jemandem in Beschlag genommen, der langatmige Monologe über seine Leistungen, seine Kinder, deren Leistungen, seine Besitztümer, Meinungen, Reisen, Vorlieben, Abneigungen und Zukunftspläne hält. Vielleicht haben wir dabei das Gefühl, dass dieser Mensch in uns nichts anderes sieht als ein warmblütiges Tier, das mit der Fähigkeit zum Zuhören ausgestattet ist. Und es ist durchaus möglich, dass wir selbst ihn ebenfalls kaum wahrnehmen. Unsere Aufmerksamkeit kann eingeschränkt sein, weil unser Bewusstsein von einem ähnlichen Monolog über uns selbst beherrscht wird, auch wenn wir vielleicht nicht dazu kommen, ihn in Worte zu fassen.

Das nennt man die »Geschichte«, und es ist die Art und Weise, wie wir uns selbst als einen Darsteller sehen, der seinen inneren Wert darauf gründet, welche Gegenstände oder Erfahrungen er gesammelt hat, die ihn interessanter, erfolgreicher, mächtiger oder sexuell attraktiver als andere erscheinen lassen. Die Geschichte kann sich genauso gut um einen Darsteller drehen, der sich als Opfer sieht und die Ereignisse in der Welt so interpretiert, dass sie bestätigen, wie hart das Leben ist. In diesem Fall hat seine Geschichte vielleicht mehr damit zu tun, was er erlitten hat und nun befürchtet.

So oder so ist der Ich-Darsteller in der Geschichte, die ihn aufwerten oder herabsetzen soll, immer der Star des Dramas, dessen Szenen wir schon viele tausend Male geprobt haben, sodass wir unsere Rolle bestens beherrschen. Wir haben uns diese Person so lange und so intensiv vorgestellt, dass die Illusion nun wie ein imaginärer Freund scheinbar ein Eigenleben entwickelt. Ihre Abenteuer spielen sich gewöhnlich in zwei Zeiten ab – der Vergangenheit und der Zukunft. Und natürlich basieren die meisten ihrer Zukunftsgeschichten auf Bildern aus ihrer Vergangenheit. Diese Geschichten können uns ein Leben lang in Furcht versetzen, deprimieren oder amüsieren. Sie bestehen aus zahllosen gedanklichen Bildern von *mir* – in der Vergangenheit, in der Zukunft, in der Vergangenheit, in der Zukunft.

Während wir durch die Landschaft der Welt ziehen, interpretieren wir fast alles, was wir sehen, im Hinblick auf seine Konsequenzen für diese Person. Der Ich-Darsteller ist der zentrale Bezugspunkt, um den sich die Geschichte der Welt dreht. Ich vergleiche dieses Phänomen des Selbstbezugs mit einem metaphorischen Drama. Titel: *Das Universum;* Darsteller: *Ich!*

Als ich jünger war, habe ich mich sehr für meine Geschichten interessiert. Ich hatte das Gefühl, ich müsste mich mit diesen Geschichten über mich und meine Erfahrungen oft beschäftigen, zu meinem Schutz wie auch im Sinne einer Katharsis: als Schutz, weil ich einige meiner schlimmsten Fehler nicht noch einmal machen wollte, und als Katharsis, weil ich meinte, beim wiederholten Erzählen würde die Geschichte ihre Bedeutung und ihren Sinn offenbaren. Ich erzählte meine Geschichte jedem, der bereit war, mir zuzuhören, bis ich alle meine Freunde und schließlich auch mich selbst gründlich damit gelangweilt hatte.

Nun ist es nicht völlig unangemessen, dass jemand eine Geschichte mit »Ich« als Hauptdarsteller hat. Ein starkes Selbstgefühl ist sowohl psychologisch als auch zwischenmenschlich für die Entwicklung notwendig. Die Geschichte des »Ich« beginnt sehr früh in unserem Leben, wahrscheinlich im Alter von ungefähr zwei Jahren, wenn sich fast alles nur noch darum dreht, was »ich will« oder »ich nicht will«. Diese grundlegende Form, sich auf den Hauptdarsteller zu beziehen, wird im Laufe der Zeit immer weiter verfeinert, während die Geschichten immer kompliziertere Sehnsüchte und Ängste widerspiegeln. Auch wenn sich die verschiedenen Ereignisse und Emotionen in der Geschichte während der Kindheit und Jugend (das meiste davon haben wir längst vergessen) dramatisch weiter entwickeln, bleibt die Vorstellung von einem Hauptdarsteller die gleiche, so wie beim Star einer endlosen TV-Serie.

Im Zustand des erwachten Bewusstseins ist die Geschichte als solche kein Problem. Sie wird als Gewohnheit wahrgenommen, die ihren Platz und ihre Funktion hat, aber sie beherrscht das Bewusstsein nicht mehr. Das erwachte Bewusstsein weiß, wann Aspekte der Ich-Geschichte berücksichtigt werden müssen, widmet ihnen aber sonst nur wenig Aufmerksamkeit. Es interessiert sich hauptsächlich für die Gegenwart, während die Geschichte sich meist auf Vergangenheit oder Zukunft bezieht und deshalb verabschiedet wird, sobald sie auftaucht, weil das erwachte Bewusstsein erkennt, wie wenig davon relevant ist. Durch schlichtes Desinteresse tauchen die Gedanken über den Ich-Darsteller nur wie Luftblasen in der Sonne auf und verschwinden wieder. Dabei macht es nichts aus, dass sie weiterhin auftauchen, weil sie sofort wieder verblassen.

Tatsache ist, dass jeder Gedanke verblasst, sobald er aufgetaucht ist. Von den Millionen Gedanken, die jeder von uns wahrgenommen hat, war nicht ein einziger von Dauer. Viele wiederholen sich zwar in ähnlicher Form, aber sie unterscheiden sich doch von ihren Vorgängern. Sie alle tauchen auf und vergehen auf der Oberfläche des reinen Bewusstseins, an dem keiner von ihnen haften bleibt. Es ist nicht nötig, sich von Gedanken zu befreien, weil es keine Möglichkeit gibt, an ihnen festzuhalten.

Im Bewusstsein des gegenwärtigen Augenblicks zu Hause zu sein, nannte mein Lehrer »still sein«. Damit meinte er nicht etwa: »Rede nicht«, »lache nicht« oder gar »sei nicht so laut«. Ihm ging es vielmehr darum, die Stille wahrzunehmen, die alle Aktivitäten, Gedanken und Worte umfasst. Wir erleben einfach unser *Dasein* durch Atmen, Fühlen, Sehen Hören, Riechen oder Schmecken. Diese direkten Erfahrungen brauchen kein »Ich« als Bezugspunkt, und sie brauchen keine Geschichten, um sie lebendig zu machen. Wenn uns diese Art von Bewusstsein mehr und mehr zur Gewohnheit wird, empfinden wir den Bezug auf den Ich-Darsteller als ermüdend, eine zusätzliche Arbeit, die sich nicht auszahlt. Unser Bewusstsein ist dann mehr daran interessiert, was wir in »Echtzeit« erleben, und zeigt weniger Neigung, eine Geschichte über eine imaginäre Zeit mit einer Hauptrolle für das Ich zu konstruieren.

Wenn wir das Leben direkt erfahren, hacken wir es nicht in einzelne Stücke oder ziehen Bilder aus der Vergangenheit heran, um ihm eine Bedeutung zu verleihen. Wir leben in einem Zustand der Unschuld, die das Dasein so akzeptiert, wie es kommt, ohne den Versuch zu machen, jedes Ereignis an eine Geschichte oder einen Mythos anzupassen.

Ich will damit nicht sagen, dass es keinen Platz für Mythen oder Geschichten gibt. Wir kommunizieren, indem wir unsere Lebensgeschichten erzählen, und unsere Kultur kommuniziert, indem sie ihre Mythen erzählt. Wenn man neben jemandem im Zug sitzt, wäre es beleidigend, auf die Frage: »Wo kommen Sie her?« zu antworten: »Es gibt nur die Erfahrung dieses gegenwärtigen Augenblicks.« Genauso gibt es in zwischenmenschlichen Beziehungen einen angemessenen Platz für Lebensgeschichten. Aber wir erkennen, dass es beim Erzählen unserer Geschichten eigentlich darum geht, uns mit dem zu verbinden, was Emerson so beschreibt: »das gemeinsame Herz, aus dem heraus jedes aufrichtige Gespräch ein Gebet ist«.

Dieses »gemeinsame Herz« finden wir in der Stille. So wie die Stille der naturgemäße Urgrund aller Musik ist, ist sie auch der Urgrund aller Geschichten. Wie die Töne einer Melodie aus der Stille auftauchen und sich wieder darin auflösen, tauchen auch unsere Geschichten aus der Stille auf und lösen sich wieder darin auf. Wenn wir verwirrt sind, achten wir vorwiegend auf die Geschichten. Im Zustand des erwachten Bewusstseins achten wir hauptsächlich auf die Stille.

Jenseits der Worte

> *»Wenn man Wahnvorstellungen hat und voller Zweifel ist, sind selbst tausend heilige Schriften nicht genug. Wenn man die Wirklichkeit erkannt hat, ist selbst ein einziges Wort zu viel.«*
>
> FEN YANG

Vor Jahren hielt ich mich gerade in Indien auf, als der Shankaracharya, der für die Hindus eine Art Papst ist, starb. *The Times of India* veröffentlichte eine Reihe lobpreisender Nachrufe über den bekannten Meister. Einer davon stammte aus der Feder eines bekannten Journalisten, der mit der früheren indischen Premierministerin Indira Gandhi befreundet war. Offensichtlich hat Frau Gandhi während ihrer Amtszeit in schwierigen Situationen gelegentlich den Rat des Shankaracharya gesucht. Bei einer dieser Gelegenheiten hatte sie ihren Journalistenfreund eingeladen, sie zu begleiten. Sie reisten im Privatflugzeug, und bei der Ankunft wurde Frau Gandhi zum Shankaracharya geführt, mit dem sie unter vier Augen sprach. Einige Stunden später kehrte sie zurück, und sie und der Journalist flogen wieder nach New Delhi. Der Journalist bemerkte, das sich die Premierministerin nun in einem Zustand tiefer Gelassenheit befand, und nach einiger Zeit musste er sie einfach fragen: »Frau Gandhi, was ist dort drinnen geschehen?«

»Es war wunderbar«, antwortete die Premierministerin. »Ich habe ihm alle meine Fragen gestellt, und er hat jede einzelne beantwortet, aber keiner von uns beiden hat ein einziges Wort gesprochen.«

Die Macht der lebendigen Gegenwart des Shankaracharya war so stark, dass sie in der Premierministerin die Erinnerung an ihr eigenes höheres Selbst weckte. So fand sie zu einem stillschweigenden Verständnis, in dem Fragen entweder schon beantwortet sind oder sich in Nichts auflösen. Die »leise Stimme im Inneren« erweist sich als schweigsam. Sie nimmt die Zusammenhänge mit einer Intelligenz wahr, die nicht erlernt wurde, sondern angeboren ist.

Im Zustand des erwachten Bewusstseins benutzen wir die Sprache zur Kommunikation und wissen dabei gleichzeitig, dass eine andere, mächtigere Form der Kommunikation auf einer tieferen Ebene der Bewusstheit stattfindet. Fast dreißig Jahre lang habe ich an Schweige-Retreats teilgenommen, zusammen mit insgesamt mehreren tausend Menschen. Einmal hielt ich mich dabei in einem entlegenen Teil der Welt auf und traf zufällig jemanden, den ich von mehreren Retreats kannte. Während ich lächelnd auf ihn zuging, dachte ich: »Oh, da ist ja mein guter Freund…« und bemerkte im selben Augenblick, dass ich nicht einmal seinen Namen wusste, weil wir immer gemeinsam geschwiegen hatten. Genauso wenig kannte ich seine Nationalität oder seinen Beruf. Ich hatte nicht die geringste Ahnung von seiner Biographie.

Und doch kannte ich diesen Menschen. Ich hatte gesehen, wie er jeden Tag an derselben Stelle während des Sonnenuntergangs die Vögel beobachtete. Ich hatte bemerkt, mit welcher Sorgfalt er schweigend seine Schuhe auszog, bevor er die Meditationshalle betrat. Und ich hatte seine Freundlichkeit erlebt, als er mir half, einen Teil meiner Habseligkeiten aus dem Regen zu tragen. Schweigend hatten wir Tage und Nächte miteinander verbracht. Aber nie hatten wir uns gegenseitig unsere Geschichten erzählt. Die einzige Kommunikation hatte in einer Form stattgefunden, die der Sänger und Liedermacher Van Morrison als »die unartikulierte Sprache des Herzens« bezeichnet.

Im Zustand des erwachten Bewusstseins brauchen wir nicht so zu tun, als wären wir nur eine Ansammlung von Geschichten, eine Anhäufung von Leistungen oder jemand, der jede Menge Elend überlebt hat. Wir sind bereit, einem anderen Menschen ohne Furcht oder Verlangen in die Augen zu blicken – ohne irgendwelche Geschichten darüber, wer ich bin und wer der oder die andere ist – und dabei nur das Licht des Daseins aus dem anderen Augenpaar leuchten zu sehen.

Bei Retreats bemerken wir auch, wie Worte die Macht haben, unsere Wahrnehmung zu konditionieren. Indem wir Dinge beim Namen nennen, beschwören wir ein zuvor festgelegtes Bild von einem Gegenstand oder einem Ereignis herauf, sodass wir darauf in einer konditionierten Weise reagieren, und sei es auch nur momentan. Natürlich ist die Sprache ein fantastisches Kommunikationsmittel, notwendig und nützlich. Aber es ist gut, ihren Platz in unserem Bewusstsein und die Grenzen ihrer Nützlichkeit zu kennen. Ich sage oft in Anlehnung an Shakespeare: »Eine Rose würde auch *ohne jeden Namen* genauso süß duften.« Es gibt ein Bewusstsein jenseits der Worte, das uns eine vollkommen frische, direkte Erfahrung ermöglicht. Je mehr wir uns auf dieses Bewusstsein einstellen, desto schneller werden Worte und Gedanken auf ihre Nützlichkeit hin analysiert und aufgegeben. Das geschieht durch einen Vorgang, den ich »von der Stille durchdrungen werden« nenne. Dabei richten wir unsere Aufmerksamkeit auf die stille Wahrnehmung, und dort bleibt sie immer eindeutiger, und diese Haltung wird immer stärker zur Gewohnheit.

Zu den Dharma-Dialogen bringe ich stets eine Thermoskanne voll Tee mit, von dem ich während des Abends trinke. Manchmal denke ich erst am nächsten Morgen daran, die Kanne auszuspülen, und wenn sich noch ein Rest Tee darin befindet, dann ist er sehr viel stärker als am Abend zuvor. Über Nacht war kein Teebeutel in der Thermoskanne. Nur der Tee. Er ist stärker geworden, weil er »von sich selbst durchdrungen« ist. Genauso wird unser Bewusstsein in der Stille stärker, indem es von sich selbst durchdrungen wird.

Diese Anpassung an die Stille löst zudem die Grenzen zwischen Menschen auf. Auch wenn Worte meist in der Absicht gesprochen werden, Brücken der Kommunikation zu bilden, haben sie oft die gegenteilige Wirkung. Viele Leute benutzen Worte einfach, um die Stille anzufüllen. Von Schweigen umgeben fühlen sie sich nicht wohl, und deshalb plappern sie. Sie wollen dadurch eine Verbindung zu anderen schaffen, aber oft verhindert das Geplapper jede echte Kommunikation. Im Zustand des erwachten Bewusstseins erkennt man im Geschwätz einen Versuch der Kontaktaufnahme. Dahinter steckt jemand, der akzeptiert, verstanden oder geliebt werden will. Was das klare Bewusstsein in solchen Fällen sieht, ist das einfache Dasein, die menschliche Wärme unter dem Sturzbach von Worten. Die Worte sind dann nur noch ein leichtes Hintergrundrauschen im Rahmen einer ansonsten klaren Übertragung. Wenn aber die Kommunikation auf beiden Seiten durch dieses Rauschen überlagert wird, dann stehen die Chancen schlecht, sich auf der Ebene zu begegnen, wo zwei eine Einheit bilden. Sind dagegen beide von der Stille durchdrungen, entwickelt sich eine fantastische Kommunikation. Thich Nhat Hanh sagte einmal über seine Freundschaft mit Martin Luther King: »Man konnte ihm einfach ein paar Dinge erzählen, und er verstand die Dinge, die nicht gesagt wurden.«

Ich hatte mehrmals das Glück, dabei zu sein, wenn große Lehrer sich zum ersten Mal begegneten. Als ich jünger war, habe ich gehofft, ich würde auf diese Weise Zeugin esoterischer Dharma-Diskussionen unter den Großen, oder die Meister würden vielleicht ihre philosophischen Differenzen analysieren und eine generelle Debatte unter ihren Schülern in Gang setzen. Aber in der Regel schauten sie einander einfach strahlend an. Sie tauschten Höflichkeiten aus oder sprachen über das Wetter, waren jedoch die meiste Zeit still und schauten. Jemand hat einmal den großen indischen Lehrer Nisargadatta Maharaj (dessen Dialoge in dem Klassiker *Ich bin* zu den mächtigsten Texten grenzenloser Lebendigkeit gehören, die je gedruckt wurden) gefragt, was seiner Ansicht nach wohl geschehen würde, wenn er mit Ramana Maharshi, einem anderen großen indischen Meister, zusammentreffen würde. »Oh, wir würden wahrscheinlich sehr glücklich sein«, antwortete Nisargadatta Maharaj. »Vielleicht würden wir sogar einige Worte wechseln.«

Die Quelle der Genialität

»In der Stille entfalten sich alle großen Dinge von selbst.«

THOMAS CARLYLE

Stellen Sie sich einen einzigen Strich mit dem Tuschepinsel auf weißer Leinwand vor. Die schwarze Farbe hebt sich scharf gegen den weißen Hintergrund ab. Jede Schattierung, die der freie Pinselschwung hinterlassen hat, ist deutlich zu sehen. Und nun stellen Sie sich im Gegensatz dazu eine Leinwand vor, die so voller chaotischer Kritzeleien ist, dass es kaum noch eine weiße Stelle gibt. Irgendwo unter diesen Kritzeleien befindet sich auch jener Pinselstrich, der sich auf der ersten Leinwand so deutlich abzeichnete; jetzt ist er natürlich sehr viel schwerer zu erkennen. So schön er ursprünglich gewesen sein mag, nun verliert er sich im Chaos.

Dasselbe geschieht mit den Pinselstrichen der Genialität in unserem Geist. In der Stille sind unsere kreativen Gedankenblitze deutlich zu erkennen, sobald sie auftauchen. In einem chaotischen Geisteszustand, in dem wir besessen sind von Gedanken und Neurosen, bleiben die genialen Einfälle oft völlig unbemerkt. Plötzliche Inspirationen aus einer mysteriösen Quelle mögen vielleicht häufig aufblitzen, aber wenn der Geist durch ein Wirrwarr von Gedanken blockiert ist, flackern die genialen Impulse nur kurz und verschwinden im Nichts.

Manche Leute meinen, große Kreativität würde aus geistiger Agonie hervorgehen. Sie spekulieren, die Stille sei nicht nützlich für die Kreativität, und verweisen dabei auf viele große Künstler, die scheinbar unter Depressionen litten oder an Selbstmord dachten. Wenn wir uns beispielsweise das Leben von Vincent van Gogh ansehen, könnten wir zu dem Schluss kommen, dass die Depression seinen künstlerischen Ausdruck gefördert hat. Aber ich möchte eine andere Interpretation für die Quelle seiner Kunst vorschlagen. Vielleicht war es nur beim Akt des Malens, dass er den tiefen Frieden des schlichten Daseins empfand. Während des Malens könnte van Gogh gut eine besondere, höhere Verbindung zu einem Gefühl reiner Lebendigkeit gehabt haben, und aus dieser tiefen Stille wären dann seine fantastischen Gemälde hervorgegangen. Die Malerei war vielleicht seine Pforte zum Göttlichen. Die Schönheit, die er sah, lässt uns ein ungetrübtes Bewusstsein vermuten, ganz gleich welche Dämonen ihn zu anderen Zeiten bedrängten.

Mystiker, Mathematiker, Dichter, Schriftsteller und Träumer behaupten alle, dass ihre Einfälle sie scheinbar aus dem Nichts überkommen, wenn sie gar nicht vorhaben, etwas zu leisten oder andere zu beeindrucken. Der eine geht vielleicht im Garten spazieren, der andere steht gerade unter der Dusche, und ein Dritter sieht schweigend zu, wie es regnet, wenn ihn plötzlich die Erkenntnis oder Vision wie ein Komet aus dem Himmel des Bewusstseins trifft. Woher kommt diese Genialität? Sie stammt aus einer uns innewohnenden Intelligenz, die uns zur Verfügung steht, wenn wir still sind und nicht von den Gedanken gelenkt werden. Sie ist unseren Gedanken übergeordnet, erwachtes Bewusstsein.

Die Kreativität, die aus dieser Art von Intelligenz hervorgeht, unterscheidet sich von der aus Ehrgeiz geborenen. Ehrgeiz wird im allgemeinen von egoistischen Bedürfnissen genährt, von Gedanken des »Ich«. Ein so motiviertes Verlangen, etwas zu schaffen, entspricht hauptsächlich dem Wunsch, eine Legende zu erzeugen, eine Legende, die sich »Ich« nennt. Wir bauen Türme, die sich aus den verschiedensten Leistungen zusammensetzen, und weihen sie öffentlich ein, aber insgeheim widmen wir sie unserem Ich. »Ich habe das geleistet; ich muss großartig sein.« Die Kreativität, die aus dem Ehrgeiz hervorgeht, ist oft mit dem Beigeschmack des Ego behaftet, ganz gleich wie majestätisch oder lobenswert das Ergebnis sein mag. Man beteiligt sich damit gewöhnlich am allgemeinen Konkurrenzkampf in der Welt, stößt die Bewegungen des Ego an und nährt Eifersucht und Groll.

Die Kreativität, die aus der Stille kommt, aus einem ruhigen Herzen, fühlt sich sowohl für den Schöpfer als auch für den Beobachter anders an. Wenn das Ego des Künstlers oder des Ausführenden nicht im Weg steht, erleben sowohl der Schaffende als auch der Beobachter das Kunstwerk einfach als ein Geschenk, als einen Ausdruck der unpersönlichen Intelligenz, an der wir alle Anteil haben. Der Künstler braucht kein Lob für sein Werk, und der Betrachter muss es nicht besitzen. Einige der schönsten Kunstwerke auf Erden wurden anonym geschaffen: die meisten alten chinesischen Gemälde der Ming-Dynastie, welche die asiatische Kunst während der nächsten tausend Jahre beeinflussten; die großen Buddhastatuen Sri Lankas; die Pyramiden, die in Ägypten gebaut wurden, als man dort noch kein Wort für Kunst oder Künstler hatte; und viele der aufwändig gemusterten Quilts, welche die Amish-People in den letzten zwei Jahrhunderten hergestellt haben. Diese anonymen Werke sprechen die Stille in jedem von uns an.

Ende der Siebzigerjahre besuchte ich zusammen mit

einem Freund eine Ausstellung japanischer Landschaftsgemälde, die von Zen-Meistern des 15. Jahrhunderts stammten. Jede Bildrolle repräsentierte eine kleine Welt des Friedens. Dargestellt waren schöne Szenen aus der Natur, Tempel, Berge und Mönche, die auf den Mond zeigten, umgeben von der weißen Fläche eines alles beherrschenden Himmels. Auf unserem Weg durch die Ausstellung wurden wir immer stiller. Ich hatte das Gefühl, als würde eine kühle Brise durch mich hindurchwehen, als würde ich auf den alten Pfaden des Friedens wandeln. Die Zen-Meister hatten uns in Gestalt ihrer Kunstwerke die Stille vermittelt, so mächtig war das erwachte Bewusstsein, das vor 500 Jahren jene Gemälde hervorgebracht hatte.

Beim Verlassen der Ausstellung kamen wir durch eine Abteilung des Museums, in der europäische Gemälde aus etwa der gleichen Zeit gezeigt wurden. Hier überwogen Bilder von Enthauptungen und anderen Gewaltakten, häufig in Verbindung mit einer religiösen Symbolik. Die in den Szenen dargestellten Personen waren prunkvoll und reich gekleidet. Umgeben von Überfluss, üppigen Mahlzeiten und Getränken wirkte ihr allgemeines Benehmen erbärmlich. Jedes Fleckchen Leinwand war bedeckt mit deprimierenden Darstellungen. Auch hier wurde etwas vermittelt. Ich spürte das schwere Gewicht des Lebens in einer Zeit und an einem Ort, wo das erwachte Bewusstsein, kaum dass es in Erscheinung trat, Gefahr lief, ausgelöscht oder verfolgt zu werden. Ungeachtet der handwerklichen Leistungen, von denen diese Gemälde zeugten, empfand ich die Kunstwerke dieser Epoche als ausgesprochen düster. Ich hatte Mitgefühl mit den Menschen, die damals existierten, und war gleichzeitig dankbar, dass ich selbst hier und heute lebe.

Die Erfahrung, die ich an jenem Tag im Museum machte, hat meine Beziehung zum kreativen Ausdruck erheblich beeinflusst. Wenn man Kunstwerke aus dem erwachten Bewusstsein heraus betrachtet, dann kann man sich direkt in den schöpferischen Augenblick einfühlen und erspürt ganz klar das Herz des Künstlers. Diese Übertragung erleben wir beim gedruckten Wort, bei Skulpturen, Gebäuden, Tänzen, Filmen und Bilderbüchern für Kinder. Überall haben wir das Gefühl, dass sich das Leben selbst Ausdruck verleiht und dabei alle zeitlichen Grenzen überwindet.

Der kreative Ausdruck, der durch das erwachte Bewusstsein fließt, durchdringt den Empfänger auf unvergessliche Weise. Denken Sie nur an die Worte, die uns von Lao Tse, Chuang Tse, den chinesischen Patriarchen oder von Buddha überliefert wurden. Ihre Macht ist auch nach Jahrtausenden noch ungebrochen, weil ihr Leben selbst der kreative Ausdruck universeller Intelligenz war und zu den erstaunlichsten Kunstwerken zählt, welche diese Intelligenz hervorgebracht hat. Wir haben die Könige, Tänzer, Politiker und Maler jener Zeiten vergessen. Aber wir erinnern uns an die Meister, die aus einem erwachten Bewusstsein heraus sprachen und handelten; ihre lebendige Gegenwart erinnert uns an die lebendige Gegenwart in uns selbst, jene Quelle der Genialität, die aus unserem Leben in der Zeit ein zeitloses Kunstwerk macht.

Alleinsein

»In der Stille sind wir am wenigsten allein.«
LORD BYRON

Es heißt, einige seiner Schüler hätten Rumi einst gebeten, nicht ständig Vorträge über die Stille zu halten. Rumi antwortete: »Das, was mein wahrer innerster Kern ist, hat nie ein Wort von sich gegeben.«

Es gibt in jedem von uns einen tiefen inneren Kern, der nie ein Wort von sich gegeben hat. Das ist der Ort, an dem wir absolut allein sind. »Ein Pfad, der so eng ist«, würde mein Lehrer sagen, »dass dort keine zwei Menschen nebeneinander gehen können.« Ganz gleich, wie sehr wir uns mit der Gemeinschaft, der Familie, Freunden, der Gesellschaft oder der Natur verbunden fühlen, in jedem von uns existiert ein tiefes, stilles Alleinsein. Wir wissen, dass nur wir selbst unsere Erfahrungen vollständig kennen, die geheimen Augenblicke der Freude, Schönheit oder Liebe ebenso wie die tiefen Schatten unserer Trauer. Wir können Ereignisse mit anderen gemeinsam erleben, aber jeder von uns ist auf seiner eigenen inneren Reise, und jeder ist vollkommen einzigartig. Aus ebendiesem Grund – dem einzigartigen Ausdruck, den jeder von uns darstellt – ist Alleinsein unvermeidlich. Die kreative Kraft des Universums erzeugt keine genauen Kopien, nicht einmal bei Klonen, und so ist das Alleinsein als ursprüngliches kosmisches Kunstwerk ein unentrinnbarer Teil des Daseins.

Und doch zielt ein großer Teil der menschlichen Aktivitäten darauf ab, ebendiesen Zustand zu vermeiden. Oft schrecken die Menschen entsetzt vor dem Alleinsein zurück, weil sie es als Einsamkeit empfinden. Sie beschäftigen sich mit allen möglichen Arbeiten, sind ständig unterwegs oder umgeben sich fast die ganze Zeit mit Leuten. Manche versuchen, der Wahrnehmung des tiefen Alleinseins durch Rauschmittel, Fernsehen, Sex oder Essen auszuweichen. Aber es lauert ständig im Bewusstsein und beschleicht sie, kalt und verzweifelt, zu jeder Tages- und Nachtzeit. Die Versuche, Gefühlen der Einsamkeit zu entgehen, können sogar dazu führen, dass diese Gefühle noch stärker sind, wenn sie schließlich durchbrechen. Wir tun, was wir können, um uns davon abzulenken, aber in unseren privaten Momenten kommen sie wie Racheengel über uns, begleitet von einer Art Verrücktheit. Diese Verrücktheit kann uns dazu hinreißen, verzweifelt zu handeln und Schaden anzurichten. Viele Probleme in der Welt sind vielleicht einfach das Ergebnis des Widerstands gegen unser unausweichliches Alleinsein. Wie der französische Philosoph Blaise Pascal im 17. Jahrhundert bemerkte: »Alles Elend des Menschen rührt daher, dass er nicht fähig ist, still in einem Zimmer zu sitzen und nichts zu tun.«

Im Zustand des erwachten Bewusstseins löst die Erfahrung des Alleinseins keine Furcht oder Verzweiflung aus. Sie ist vielmehr ein Refugium der Stille, eine private Kammer, »ein Raum für einen ganz allein«; der einzige Ort, an dem die Einsamkeit keinen Zutritt hat. Alleinsein in diesem Sinne ist keine unerträgliche Isolation, sondern eine Zuflucht vor den Forderungen nach ständiger geistiger und körperlicher Aktivität. Wenn wir unser Alleinsein auf diese Weise erleben, dann empfinden wir es inmitten von Aktivität. Wir empfinden es, wenn wir mit vielen fremden oder mit einem einzigen nahestehenden Menschen zusammen sind. Wir empfinden es, wenn wir auf einem Podium stehen und vor Hunderten von Menschen eine Rede halten oder wenn wir bei einem Familientreffen mit Dutzenden von Verwandten zusammen sind. Wie Albert Einstein schrieb: »Ich bin wirklich ein ›Einzelgänger‹ und habe nie aus ganzem Herzen meinem Land, meinen Freunden oder auch nur meiner engeren Familie angehört; im Angesicht all dieser Fesseln habe ich nie ein Gefühl von Ferne und ein Bedürfnis nach Alleinsein verloren, Empfindungen, die im Laufe der Jahre immer stärker werden.«

Mein Lehrer Poonjaji war ein Löwe in seinem Alleinsein. Viele Jahre lang wanderte er durch die indischen Vorgebirge des Himalaja, teilte manchmal sein Dharma mit einigen wenigen Menschen, denen er zufällig begegnete, reiste gelegentlich mit einem Begleiter, blieb jedoch die meiste Zeit allein und ließ sich vom Schicksal treiben. Zeitweise führte er Tagebuch, und wenn man in diesen Aufzeichnungen liest, gewährt einem das Einblicke in einen erwachten Geist. Oft markierte er seine Einträge mit Datum und Ort, aber abgesehen davon findet man nichts über die Gegend, die Leute oder die Dinge, die er gesehen hat. Sein Interesse galt einer Reise, die auf einer anderen Ebene von Zeit und Raum stattfand. Ein typischer Eintrag: »In mir bewegt sich das Universum hierhin und dorthin, getrieben vom Wind seines inneren Wesens.«

Ich lernte Poonjaji erst wesentlich später kennen. Sein Gesundheitszustand hatte sich damals so sehr verschlechtert, dass er nicht mehr ohne Hilfe gehen konnte, und folglich war er fast immer von anderen Menschen umgeben. Und doch habe ich nie irgendjemanden erlebt, der so allein war. Er war auf eine majestätische Weise allein, ähnlich wie der Ozean oder der Himmel. Für mich war sein Alleinsein wahrscheinlich der Aspekt, der mich am meisten inspiriert hat. Er lebte in einer Tiefe, in die man nichts und niemanden mitnehmen kann – keine Freunde, keine Kinder, keinen Partner, keinen Besitz.

In den Dharma-Dialogen nenne ich dieses majestätische Alleinsein oft einen »Gipfelplatz der Freiheit«. Es ist so, als würde man sich auf einem Berggipfel ausruhen, still in die Weite schauen und den freien Blick in alle Richtungen genießen. Während man alles willkommen heißt, was am Himmel auftaucht, bemerkt man, dass Gedanken wie Wolken vorüberziehen, Gefühle wie die Farben eines Regenbogens verblassen und Empfindungen wie zwitschernde Vögel aufflattern. Hier gibt es nur die leuchtende lebendige Gegenwart, die offene Weite des Daseins und das, was gerade über den Himmel zieht. Ein Gefühl der Vollkommenheit liegt über allem. Man achtet nicht auf die gedanklichen Kommentare, was geschehen oder nicht geschehen sollte. Es gibt nur ein entspanntes Zurücksinken in das, was ist – nur das Sosein.

Und am Ende wird das Alleinsein im Zustand des erwachten Bewusstseins bedeutungslos. Die Empfindung verblasst, wenn niemand mehr da ist, der sich allein fühlen könnte, niemand, der über die Erhabenheit des Alleinseins sprechen könnte. Jede gedankliche Aktivität fügt sich mühelos in die Stille ein, aus der sie sich erhoben hat. Man unterscheidet nicht mehr zwischen dem Eigenem und dem Fremden. Es gibt nur noch den Wind, der durch das grenzenlose Bewusstsein weht, das Licht, das in unseren Augen scheint, und die Klänge des Lebens, die in unserem Inneren widerhallen.

Frieden

> *»Eingelullt vom Herzschlag der Zeit schläft in uns die Ewigkeit.«*
>
> Sri Aurobindo

Es gibt eine Fabel über einen jungen Mann, der vor langer Zeit im türkischen Istanbul lebte. Weil er arm war, bestand seine Bleibe nur aus einem einzigen Raum, sparsam möbliert mit ein paar Büchern und einem Feldbett. Eines Nachts hatte der junge Mann einen Traum – oder eher eine Vision. Darin sah er sich selbst durch eine Straße in Kairo gehen, obwohl er noch nie in Ägypten gewesen war. Er konnte klar den Namen der Straße erkennen und sah die Häuser, die sie säumten. In der Vision begab er sich zu einem bestimmten Haus, dessen Adresse er kannte. Er betrat den gepflasterten Vorhof und ging ins Haus. Eine offene Tür zog ihn zu einem bestimmten Raum hin. In diesem Raum saß ein alter Mann, umgeben von Schätzen, die sich der junge Mann bisher nicht einmal hatte vorstellen können.

Diamanten, Smaragde und Rubine waren zu Pyramiden aufgehäuft. Barren aus Gold und Silber säumten die Wände. Edle Teppiche und Kunstwerke aus aller Welt lagen zu seinen Füßen. Der junge Mann starrte erst die Schätze und dann den alten Mann voller Erstaunen an, denn plötzlich wusste er irgendwie, dass alle diese Schätze ihm gehörten. Er wusste nicht, wieso (es war ja nur eine Vision), aber er war sich sicher, dass all dies rechtmäßig ihm gehörte.

Plötzlich war der junge Mann hellwach. Sein Vertrauen in das, was er gesehen hatte, war so groß, dass er sich noch am selben Tag auf die lange Reise von Istanbul nach Kairo machte, um seinen Schatz einzufordern. Damals reiste man langsam, und da der junge Mann arm war, musste er unterwegs immer wieder Arbeit suchen, um für Essen und Unterkunft zahlen zu können. Nach mehreren Monaten kam er schließlich in Kairo an. Er forschte nach und fand genau die Straße, die er in seinem Traum gesehen hatte. Das Haus war dasselbe wie in seiner Vision. Und natürlich befand es sich genau dort, wo der junge Mann es erwartet hatte. Da er seinen Weg kannte, betrat er den gepflasterten Hof, ging ins Haus und weiter zu dem Raum mit den Schätzen, auf die er Anspruch erheben wollte.

Da saß der alte Mann, aber es gab keine Juwelen, weder Gold noch Silber, keine Teppiche und keine Kunstwerke. Der junge Mann ließ sich nicht davon abschrecken, dass er keine Schätze sah, sondern erzählte dem alten Mann seine Vision und sagte am Ende: »Da alles andere genauso ist wie in meiner Vision, nehme ich an, dass die Reichtümer hier irgendwo versteckt sind. Bitte übergib sie mir.«

Der alte Mann schwieg eine Weile und blickte den jungen Mann mit glänzenden Augen an. Nach einiger Zeit sprach er. »Es ist seltsam«, sagte er, »auch ich hatte einen Traum. Ich träumte von einem jungen Mann in Istanbul, der genauso aussah wie du.«

»Ja, sprich weiter«, drängte der junge Mann, der fest damit rechnete, dass ihn diese Information zu seinem Schatz führen würde.

Der alte Mann fuhr fort und beschrieb die Straße, in welcher der junge Mann in Istanbul gelebt hatte. Er beschrieb die Eltern des jungen Mannes, seine Geschwister, Arbeitskollegen und Freunde und die Bücher an der Wand des bescheidenen Zimmers. »In meiner Vision«, sagte der alte Mann, »lag der größte Schatz, kostbarer als alle funkelnden Edelsteine und alles Gold der Welt, auf einem schmalen Feldbett in diesem Zimmer.«

Plötzlich erkannte der junge Mann, was der Alte gemeint hatte. In diesem Augenblick war ihm klar, dass seine Existenz, sein bloßes Dasein, der einzige Schatz war, den er je wollte oder brauchte. Ein tiefer Frieden überkam ihn. Er verbeugte sich zum Abschied vor dem weisen alten Mann und kehrte nach Istanbul zurück, wo er bis ans Ende seiner stillen Tage lebte.

Bei dieser Geschichte dominiert zwar die Reise des jungen Mannes heim zu sich selbst, aber ich finde die Rolle des alten Weisen genauso interessant. Seine lebendige Gegenwart und Klarheit sind so stark, dass nur einige wenige

Worte von ihm ausreichen, um dem jungen Mann zur größten Erkenntnis seines Lebens zu verhelfen. Die Geschichte macht deutlich, wie der Frieden des einfachen Daseins nicht nur eine Belohnung in sich selbst darstellt, sondern auch ein Segen für alle ist, die damit in Berührung kommen. Wer in diesem Frieden weilt, wird zu einem großen Baum, dessen Schatten denen Trost und Zuflucht bietet, die sich gerade mitten in den Stürmen des Lebens befinden.

Auf der Flucht vor diesem Frieden sind unsere eigenen Reisen wahrscheinlich von zahllosen Verwirrungen gekennzeichnet, so wie es auch dem jungen Mann in der Geschichte erging. Deshalb können wir andere Menschen verstehen, denen das Gespür für ihre eigene schlichte Lebendigkeit fehlt und die deshalb überall in der Außenwelt danach suchen, so wie »der Moschushirsch, der überall in der Welt nach der Quelle seines eigenen Duftes sucht«, wie Ramakrishna sagte. In der Hoffnung, irgendetwas zu finden, das alles in Ordnung bringt oder dafür sorgt, dass wir mit uns selbst zufrieden sind, lassen wir nichts unversucht, und oft verschlimmern wir dadurch die Situation noch weiter. Unser Hunger nach irgendwelchen Schätzen oder anderen glücklichen Umständen, von denen wir meinen, sie würden uns Frieden bringen, hindert uns daran, in dem Frieden zu ruhen, den wir selbst verkörpern.

Im Zustand des erwachten Bewusstseins kommen wir gar nicht auf die Idee, der Frieden könnte irgendwo außerhalb unseres eigenen Daseins existieren. Vieles in unserer Welt befindet sich im Chaos, und das schon, solange wir zurückdenken können. Sogar in Zeiten relativen Friedens können die täglichen Ereignisse des Lebens jeden Moment verrückt spielen: Ärger mit dem Lebenspartner, den Kindern oder Freunden, Schwierigkeiten bei der Arbeit, Angehörige, die Unfälle haben oder krank werden, eigene Gesundheitsprobleme oder der Tod von Verwandten und Freunden. Wenn man die Nachrichten hört oder liest, kann einem diese Welt wahrlich wie die Hölle vorkommen. Krieg, Umweltzerstörung, Millionen Menschen, die verhungern, Gewalt, Terrorismus, Folter oder die Entführung und Ermordung von Kindern machen mit der Stetigkeit von Trommelschlägen täglich Schlagzeilen. Wie kann irgendjemand in einer solchen Welt Frieden finden? Unmöglich. Unter den Bedingungen, die in unserer Welt herrschen, gibt es keinen dauerhaften Frieden. Wenn wir nicht den Menschen zum Opfer fallen, dann der Natur.

Und doch gibt es einen Ort der Zuflucht. Er ist unabhängig von den äußeren Umständen und liegt in der Erkenntnis der Stille. Diese Stille ist unsere eigene tiefe und wahre Natur, zu der wir jederzeit Zugang haben, wenn wir nur wollen. In den Dharma-Dialogen fragen die Leute manchmal, was sie für die Welt tun können. Ich spreche dann von der Notwendigkeit, den Schatz des bloßen Daseins zu erkennen und dort den Frieden zu finden, der nicht von irgendwelchen äußeren Umständen abhängt. Wer das versteht, findet innere Ruhe. Dadurch verringern sich Gewalt und Furcht in der Welt, und dieses Verständnis erinnert andere an die Gabe, die kostbarer ist als alle Reichtümer dieser Welt. In der Stille können wir es spüren: In uns schläft die Ewigkeit.

Einfühlung

Die Morgendämmerung brach an, und sie erhob sich von ihrem Platz. Sonnenlicht und Nebel mischten sich über dem Fluss, während sie ohne ein Ziel am Ufer entlangging. In früheren Zeiten hätte sie stets eine Absicht verfolgt, wäre auf etwas zugegangen, aber nie angekommen. Nun war sie zwar in Bewegung, aber sie ging trotzdem nirgendwohin. Sie war nur hier, Schritt für Schritt, während sie an einem Fluss entlangging.

Nach einiger Zeit erblickte sie vor sich zwei Paar Fußabdrücke, die am Ufer entlangführten; das eine Paar hatten kleinere Füße hinterlassen. Weiter vorne waren die Abdrücke weggespült; spurlos verschwunden. Das ist der Lauf aller Dinge, überlegte sie; jeder Fußabdruck, jedes Geschöpf, jede Pflanze, jeder Stein und jede Galaxie befinden sich auf einem Weg des Werdens, des Zerfalls und des Verschwindens. Alles löst sich im Laufe der Zeit auf, jedes Subjekt ist jeden Augenblick der Vernichtung preisgegeben. Sie dachte über die Härte des Daseins nach, die Unvermeidlichkeit von Liebe und Verlust. Ihre Erkenntnis, unsentimental, aber doch einfühlsam, ließ sie Mitgefühl für alle Geschöpfe empfinden, die lebten, je gelebt hatten und jemals leben würden. Die Geschöpfe der Zeit.

Gerade da fiel ihr Blick auf eins von ihnen. Ein großer Käfer auf dem Weg war irgendwie auf den Rücken gefallen, und seine zappelnden Beine zeugten von seinem Lebenswillen, der mit ihrem eigenen verschmolz. Sie reagierte rasch und ohne zu überlegen. Mithilfe von zwei großen Blättern hob sie den Käfer vorsichtig hoch und drehte ihn so, dass er wieder auf die Füße kam. Sie beobachtete, wie er hastig in die Sicherheit der nahe gelegenen Büsche krabbelte.

Der Dalai Lama und der Hundejunge

Als ich mich vor über zwanzig Jahren mit Freunden in Bodh Gaya in Indien aufhielt, hörten wir Gerüchte über einen Jungen, der angeblich bei einem Rudel wilder Hunde gefunden worden war. In der Stadt erzählte man sich, er würde sich benehmen wie ein Hund, könne weder sprechen noch aufrecht gehen oder mit den Händen essen, was die Vermutung nahe legte, dass er bei den Hunden aufgewachsen war. Die Geschichte faszinierte uns. Ich hatte *Gazelle Boy* gelesen, ein Buch über ein Kind, das von Gazellen in Afrika aufgezogen worden war, und auch die Geschichte des »Wolfskindes aus dem Aveyon«, das im 19. Jahrhundert in Frankreich gefunden worden war, hatte mich gefesselt. So nahm ich begeistert eine Einladung an, den Jungen bei einem privaten Treffen mit dem Dalai Lama, der Interesse an dem Kind gezeigt hatte, kennen zu lernen. Das Treffen sollte im Gandhi-Ashram stattfinden, wo sich der Junge bei einer Gruppe von Sozialarbeitern und Verhaltenstherapeuten befand, die sich um ihn versammelt hatten.

Seiner Größe nach schien das Kind fünf oder sechs Jahre alt zu sein. Es krabbelte auf allen Vieren und warf wie ein furchtsames Tier seine Blicke nach allen Seiten. Es machte mich nervös, ihn zu betrachten, und ich fühlte mich dabei so ähnlich wie beim Anblick von Abbildungen, die Geschöpfe zeigten, welche halb Mensch und halb Tier waren. Ich spürte eine Art Urangst vor dem Fremden. Das überraschte mich, weil ich als Hauptreaktion eher Mitgefühl erwartet hatte.

Der Dalai Lama saß in der Mitte des Raumes, und das Kind wurde zu ihm gebracht. Während die indischen Behördenvertreter und Therapeuten ihm über den Jungen berichteten, beugte er sich hinunter und begann den Kopf des Kindes sanft zu streicheln, ungefähr so, wie man einen Hund streichelt. Die Anwesenden taten so, als würden sie es nicht bemerken. War es in Ordnung, den Jungen wie einen Hund zu behandeln, oder war es eher schädlich für seine »Rehabilitation«? Die Amtspersonen berichteten weiter über ihre Bemühungen, dem Kind den aufrechten Gang beizubringen, Worte zu bilden und dergleichen mehr. Währenddessen fuhr der Dalai Lama fort, den Kopf und die Schultern des Jungen zu streicheln, ihn anzulächeln und liebevoll zu murmeln, bis das Kind sich schließlich zu seinen Füßen zusammenrollte.

Ich konnte nur ahnen, welchen Trost das für den Jungen in diesen Momenten bedeutete. Was er auch erlebt haben mochte, ich war sicher, dass die gegenwärtige Situation in seinem neuen Leben mit fremden und mächtigen Geschöpfen für ihn zumindest schwierig, wenn nicht sogar entsetzlich war. Hier, und sei es nur für eine kurze Zeit, war ihm eine dieser fremden Kreaturen auf einer Ebene begegnet, auf der die einzige Sprache gesprochen wurde, die er kannte, die Sprache des Herzens.

Die Sprache des Herzens ist die einzige, die alle Lebewesen auf der Welt verstehen. Sie bietet anderen ein stillschweigendes Verständnis an, ohne Verständnis für sich selbst zu fordern. Zweifellos ist es wunderbar, verstanden zu werden. Es ist himmlisch, wenn uns jemand in den tiefsten Aspekten unseres Daseins begegnet, und wenn das geschieht, haben wir allen Grund zur Freude. Aber der Wunsch, von anderen verstanden zu werden, sie tief in unser Inneres einzulassen, führt oft zu Enttäuschungen. Wenn wir uns jedoch darum bemühen, andere zu verstehen und Zugang zu ihrem Herzen zu finden, dann schenkt uns das selbst inneren Frieden und eröffnet das größte Potenzial, schwierige Situationen für andere zu transformieren. Wie groß der Abgrund auch sein mag, den wir bei der Kommunikation überwinden müssen, die meisten Geschöpfe reagieren doch auf eine liebevolle Zuwendung. Fast jeder von uns spürt, wenn ein anderer Mensch unser Bestes im Sinn hat, uns offen zuhört und Trost anbietet, ohne dabei an seinen eigenen Nutzen zu denken.

Im Zustand des erwachten Bewusstseins öffnen sich die Kommunikationswege leicht, weil wir selbst von den anderen nichts brauchen oder erwarten. Echte Liebe sucht für sich selbst keinen Vorteil. Sie verschenkt sich einfach. Sie ist ihrem Wesen nach Hingabe, Dienst und Großzügigkeit. So wie sich Galaxien durch die Schwerkraft gegenseitig anziehen, um dann in einer kosmischen Vereinigung zu explodieren, ist die Liebe eine Kraft, die sich vollständig hingibt. Sie verschenkt alles. Und sie tut es aus einem einzigen einfachen Grund: Sie kann nicht anders. Sie hat keine Wahl.

Viele Menschen empfinden diese Art wehrloser Liebe nur gegenüber engen Angehörigen. Sie haben einige wenige, kleine, konzentrische Kreise von geliebten Menschen, denen sie mehr oder weniger Rücksicht entgegenbringen, aber an der Grenze des äußersten Kreises hört diese Rücksicht abrupt auf. Jeder, der sich jenseits dieser Grenze befindet, ist ein »anderer«. Aus evolutionärer Sicht ist die Sorge für direkte Verwandte ein genetischer Imperativ, ein Verhalten, das man bei den meisten Tieren findet. Das ist zwar auf seine eigene Weise natürlich und schön, aber es gibt ein umfassenderes Verständnis von Liebe und Verwandtschaft, das über unsere biologischen Reaktionen hinausreicht.

Im erwachten Bewusstsein ist Liebe nicht auf Angehörige beschränkt, sondern universal. Wir empfinden dann zwar tiefen Respekt vor Familienbanden und fühlen uns mit unserer Gemeinschaft besonders verbunden, schließen aber grundsätzlich niemanden mehr aus. Wir sind nicht mehr die Sklaven primitiver Impulse und irrationaler Vorlieben, die auf Rasse, Verwandtschaft oder sogar Artzugehörigkeit beruhen, sondern wir können das größere Bild sehen. Schließlich sind, rein genetisch betrachtet, alle Geschöpfe aus demselben DNA-Strom hervorgegangen, und alle haben Anteil daran.

Es gibt sogar ein noch größeres Verständnis, das weiß, dass die Lebenskraft, die uns durchströmt, auch durch alles andere fließt und der reinste Ausdruck des Daseins ist. Das ist unsere wahre Verwandtschaft, unsere große Urmutter – die ewige Energie des Universums. Wenn wir das verstehen, wird jeder zum Angehörigen, und wir sind überall auf der Welt zu Hause. Ganz gleich, wie seltsam uns ein Mensch oder ein anderes Geschöpf erscheinen mag, wir begegnen ihm mit dem Verständnis unserer Gemeinsamkeit. Wie C.G. Jung es einmal ausgedrückt hat: »Manchmal kommt es mir so vor, als wäre ich über die Landschaft ausgebreitet und gleichzeitig im Inneren aller Dinge und als lebte ich in jedem Baum, in jeder Welle, in den Wolken und Tieren, die kommen und gehen, und im Ablauf der Jahreszeiten.«

Manche Menschen wollen es vielleicht nicht wagen, diese Art von Weite zu empfinden. Sie halten die Welt für zu gefährlich, um auf jeden Schutz zu verzichten, und sie meinen, es sei töricht, so offen zu sein. Natürlich gibt es Leute, die eine Gefahr für andere darstellen und die man nach Möglichkeit am besten meidet, aber im Zustand des erwachten Bewusstseins hat man ein Verständnis, das sogar in Zeiten der Vorsicht offen bleibt. Es sieht die Unwissenheit statt des Bösen in Menschen, die anderen Schaden zufügen wollen, und fürchtet sich deshalb nicht vor ihnen. Im Bewusstsein gehen wir ihnen immer noch aus dem Weg, aber auf eine Weise, als würden wir einem nahenden Wirbelsturm ausweichen. Wir glauben nicht, dass eine bestimmte Person oder ein bestimmtes Wesen eine böse fremde Energie darstellt. Der andere mag zwar gestört sein, aber er ist immer noch einer von uns.

Wenn wir nichts und niemanden als fremd wahrnehmen, dann machen wir uns die ganze Welt zu Eigen. Einige ihrer Aspekte sind wunderbar und andere schrecklich, aber alles ist uns vertraut, weil die grundlegende Essenz dieselbe ist. Der Obdachlose an der Straßenecke, der nach Urin stinkt, der selbstbewusste Geschäftsmann auf der Konferenz, die wütende Frau, die in der Schlange vor dem Theater drängelt, der junge Hund, der jeden Zentimeter des Bodens abschnüffelt. Im Zustand des erwachten Bewusstseins sind sie uns alle vertraut, und wir begegnen ihnen verständnisvoll und ohne das Bedürfnis, von ihnen verstanden zu werden.

Verlust und Trauer: Pforten der Einfühlung

> *»Niemand kommt mit trockenen Augen in den Himmel.«*
>
> THOMAS FULLER

Letztes Jahr habe ich einen Nachmittag in einem Krebszentrum in Los Angeles verbracht. Ich wartete auf meinen Termin bei einem hoch angesehenen Onkologen, um seine Meinung über ein medizinisches Problem zu hören, das nach Ansicht verschiedener Ärzte, die ich vorher konsultiert hatte, ein bösartiger Tumor hätte sein können, der eine Operation erfordert hätte. Doch der Onkologe versicherte mir, die Sache sei fast mit Sicherheit gutartig und entließ mich mit dem Rat, nichts weiter zu unternehmen, sondern nur »ein Auge darauf zu haben«. Natürlich empfand ich das eigenartige Hochgefühl, das sich im Zusammenhang mit einer Entwarnung einstellt – eine Freude, die nicht durch etwas ausgelöst wurde, das passiert war, sondern durch etwas, das nicht passiert war. Ich dachte an meine Freunde und Verwandten, die das Ergebnis meines Arztbesuches erfahren wollten, und ich konnte es kaum erwarten, ihnen die gute Nachricht mitzuteilen.

Als ich das Sprechzimmer verließ, ging ich noch einmal durch den Raum, in dem ich anderthalb Stunden gesessen und andere Patienten beobachtet hatte, die auf ihren Termin warteten. Schals, Perücken und hagere Gesichter zeugten davon, dass viele dieser Leute Krebs hatten. Sie und ihre Angehörigen hatten beim Arztbesuch keine guten Nachrichten erhalten. Von einem Tag auf den anderen hatte sich ihr normaler Alltag in einen verzweifelten Kampf ums Überleben verwandelt.

Das erinnerte mich wieder einmal an das universelle Gesetz des Verlustes. Ich war diesmal noch davongekommen, aber ich wusste, dass die Entwarnung nur befristet galt. Jeden Augenblick konnte sich alles verändern. Ich sah mich unter den Leuten im Wartezimmer um und spürte die kostbare Gemeinsamkeit des Menschseins – körperlich verwundbar zu sein, gebunden an alles, was wir lieben und genießen, und dazu verurteilt, alles und jedes zu verlieren.

Dieses Verstehen schenkt uns Einfühlungskraft. Jeder von uns wird früher oder später Verluste erleben. Viele von uns haben diese Erfahrung schon häufig gemacht. Wenn wir uns gestatten, die Trauer direkt und offen wahrzunehmen, rufen diese Empfindungen Mitgefühl für jeden hervor, der Verluste erleiden wird oder erlitten hat.

Dieses Verständnis führt uns nicht nur zur Einfühlung, sondern es ist auch ein Gegenmittel zum Neid. Vielleicht sehen wir andere, die alles haben, und meinen, dass uns im Vergleich zu ihnen vieles fehlt. Dann sollten wir daran denken, dass Menschen, die in großem Überfluss leben, sich auch fest daran klammern und folglich viel mehr zu verlieren haben. Manche Leute leiden beträchtlich unter einem Verlust, der geringfügig erscheint, während andere große Verluste scheinbar leicht nehmen. Aber am Ende muss sich jeder von allem trennen, was ihm lieb und wert ist. Wie ich in den Dharma-Dialogen oft sage: »*Samsara* (das Rad des Lebens) ist nichts für Weichlinge.«

Manchmal wirken die Leute durch ihren Verlust völlig gebrochen. Wir spüren, dass sie hauptsächlich von Bitterkeit und emotionaler Härte beherrscht sind, als würden sie zwar durchhalten, aber dem Leben dafür grollen. Aus Angst vor weiteren Verlusten beschließen sie, nie wieder zu lieben. Dabei übersehen sie, dass ihr Beschluss für sie selbst zum Gefängnis wird und dass ihr Widerstand gegen jede mögliche Ursache von Trauer sie auch vollständig von der Schönheit des Lebens ausschließt. Wie Rumi sagt: »Setze alles für die Liebe aufs Spiel; mit Kleinmut erreicht man die Erhabenheit nicht.«

In Erhabenheit zu leben bedeutet, mit einem gebrochenen Herzen zu leben. Wer nicht wenigstens teilweise traurig ist angesichts der Zustände dieser Welt, der ist einfach nur abgestumpft. Warum lassen wir uns nicht immer wieder das Herz brechen? Warum gewöhnen wir uns nicht daran, mit einem gebrochenen Herzen zu leben? Wenn wir uns in andere einfühlen, erleben wir ein weites Spektrum menschlicher Gefühle. Ihr Leiden ist unser Leiden; ihre Freude ist unsere. Das Maß, in dem wir uns erlauben, Leid mitzuempfinden, entspricht genau dem Maß, in dem wir uns der Freude hingeben. Wie Kahlil Gibran in seinem Buch *Der Prophet* sagt: »Eure Freude ist euer Leid ohne Maske.«

Im Bewusstsein fürchten wir uns nicht vor intensiven Gefühlen, weder vor Freude noch vor Leid. Wir wissen, dass diese Gefühle Teil des Lebendigseins sind, des Verbundenseins mit allem, was lebt. Wir sind gar nicht fähig, sie zu leugnen. Wir haben stets die Möglichkeit, uns in andere einzufühlen, uns mit jenen zu verbinden, deren Herzen gebrochen sind, denn sie sind diejenigen, die anderen in Liebe begegnen.

Einige der zufriedensten Menschen, die ich je kennen gelernt habe, begleiten andere durch Verlust und Trauer. Diese Art von Arbeit hat zwar ihre traurigen Aspekte, aber sie bringt eine Intimität mit sich, die man in anderen Zusammenhängen kaum findet. Die Prioritäten werden klar. Was ist am Ende wirklich wichtig? Angesichts schwer wiegender Verluste beklagen wir uns kaum noch über die kleinen alltäglichen Ärgernisse, und unser Bewusstsein ist erfüllt von umfassender Dankbarkeit für das unschätzbare Geschenk des Lebens.

Im erwachten Bewusstsein brauchen wir nicht auf die Erfahrung eines Verlustes zu warten, um zu wissen, worauf es wirklich ankommt. Das Bewusstsein von Verlust und Tod ist auf sanfte Weise stets präsent und erinnert uns daran, voll und ganz zu leben und zu lieben, solange wir hier sind. Zugleich zeigt es uns den Weg der Einfühlung und des Mitgefühls für jedes andere Wesen. Diese letzte Erfahrung zumindest ist uns allen gemeinsam: Wir alle werden eines Tages sterben. Weil wir wissen, wie teuer das Leben den meisten von uns ist, und wie unvermeidlich das Ende sein wird, kommt das Einfühlungsvermögen auf ganz natürliche Weise.

Die Befreiung vom Leiden

»Ich habe gesehen, wie sich Trauer in Klarheit verwandelte.«
Yoko Ono

In seinem Buch *Keine Zukunft ohne Versöhnung* beschreibt Desmond Tutu Nelson Mandela als einen Mann, der durch seine 27 Jahre dauernde Gefangenschaft in Südafrika nicht gebrochen, sondern geläutert wurde.

»Diese 27 Jahre mit allen ihren Leiden bildeten das Feuer in dem Schmelzofen, in dem sein Stahl von den Schlacken gereinigt wurde. Vielleicht wäre er ohne diese Leiden weniger mitfühlend und großmütig geworden. Und dieses Leiden für andere verlieh ihm eine Autorität und Glaubwürdigkeit, die durch sonst nichts in dieser Form entstehen kann.«

Oft empfinden wir unsere eigenen Leiden oder das Verhalten anderer uns gegenüber, das uns grausam vorkommt, als eine Last. Wir haben vielleicht das Gefühl, dass dieses Leiden uns unheilbar verletzt hat. Oder wir fühlen uns von unseren eigenen Fehltritten, Unfreundlichkeiten, Fehlern und Selbstvorwürfen gequält. Unser Herz trägt schwer an diesen Lasten, und wir meinen vielleicht, die Wunden seien so tief, dass sie niemals heilen könnten. Wir erzählen eine Geschichte über uns, die darauf basiert, was wir erlitten haben, so wie auch die Geschichte der Menschheit eine Geschichte des Leidens ist. Sie gibt unserem Selbstgefühl Konturen, und wir spielen in Gedanken immer wieder denselben Film ab, damit dieses Selbstgefühl lebendig bleibt. »Es war furchtbar, aber das bin wenigstens *ich*.«

Wir müssen nur einen Augenblick klar sehen, um von unserer Einbildung frei zu werden. Es gibt eine Geschichte über Alexander den Großen, der den gordischen Knoten dadurch löste, dass er ihn einfach mit seinem Schwert durchschlug. Auch die Klarheit ist eine scharfe Klinge, die den Knoten zerschlägt, sodass wir ihn nicht mehr entwirren müssen. Es ist ein Augenblick der Unschuld – ein Moment der Erkenntnis, dass nichts von dem, was wir erlebt haben, uns letztlich definieren kann, dass nichts uns reduzieren kann. Die Erfahrung, wer wir in genau diesem Augenblick wirklich sind, ist klar und unbefleckt, trotz aller Leiden, die wir erduldet oder verursacht haben. Plötzlich fühlen wir uns hellwach. Auch wenn die Erinnerung immer noch da ist, erscheint uns die Welt jetzt frisch und neu, und genauso frisch und neu sind wir in dieser Welt. Wir sind neu geboren in unserem eigenen strahlenden Bewusstsein.

In den Dharma-Dialogen berichten die Menschen häufig von dieser oder jener Art des Missbrauchs, den sie in der Kindheit oder später erlitten haben. Oft bemerke ich dann, wie sich ihre Augen beim Erzählen der Geschichte verdunkeln und ihr Bewusstsein von schmerzlichen Erinnerungen erfüllt ist. In Gedanken wird die betreffende Person wieder zu jemandem, der verletzt wurde und nun beschädigt ist. An diesem Punkt bitte ich den jeweiligen Menschen gewöhnlich, im gegenwärtigen Augenblick das Bewusstsein zu entdecken, das nicht leidet, trotz der Erinnerung an die Geschichte. Und ich bitte ihn, zu prüfen, ob es ein Bewusstsein gab, das während der damaligen Ereignisse nicht vom Leiden betroffen war. In fast jedem Fall erkennt der oder die Betreffende das Zeugenbewusstsein, das nicht auf die Ereignisse reagiert hat, wie traumatisch sie auch gewesen sein mögen. In den Augenblicken, wo er oder sie das erfasst, was während jeder Tortur unversehrt geblieben ist, hellt sich das Gesicht der betreffenden Person auf. Trotz aller schmerzlichen Erinnerungen haben wir stets Zugang zu einem Hort des Friedens.

Viele Leute berichten beispielsweise nach Autounfällen, dass sie den Unfall wie in Zeitlupe wahrgenommen und einfach neugierig zugesehen haben, wie sie im Auto herumgeschleudert wurden, oder dass sie seltsame Dinge bemerkt haben, etwa dass jemand dastand und einen roten

Regenschirm hielt. Es könnte auch sein, dass wir nachts einen Anruf erhalten haben, bei dem wir über den Tod eines Angehörigen informiert wurden. Auf der emotionalen Ebene baut sich eine riesige Welle der Trauer auf und steigt in unserem Inneren hoch. Aber auf einer tieferen Ebene des Bewusstseins gibt es nur den stillen Zeugen, der die Worte am Telefon hört. Zu diesem tieferen Bewusstsein haben wir während jeder Tortur Zugang.

Damit will ich nicht sagen, dass unser Leiden nicht real wäre. In dem Moment, wo es geschieht, ist es real genug. Worauf es ankommt, ist jedoch die Feststellung, dass es nicht von Dauer ist, außer in unserer Einbildung. Wir wiederholen die Geschichte vergangener Leiden nur in unseren Gedanken. Neue und schmerzliche Ereignisse können auftreten – und die damit verbundenen Emotionen sollen nicht geleugnet werden –, aber auch diese gehen im Zeugenbewusstsein vorüber. Die Tibeter berichten von dem mythischen Vogel Garuda, dessen Flug am Himmel keine Spuren hinterlässt. Ganz ähnlich werden alle Lasten unseres Herzens in klarer Erkenntnis befreit und hinterlassen keine Spur. Nichts, was am Himmel auftaucht, definiert den Himmel selbst oder wertet ihn ab. Und so werden auch wir letztendlich von keiner Erfahrung definiert oder abgewertet.

Wenn wir uns erlauben, unseren Schmerz zu fühlen und dann loszulassen, trägt unser Leiden erheblich dazu bei, unser Herz weicher zu machen. Dann ist das Leiden – in den Worten von Trungpa Rinpoche – »Dünger für das Feld der Weisheit«. Es ist wirklich wichtig zu wissen, dass jeder schwierige Geisteszustand jederzeit willkommen ist, so wie der Himmel ohne Widerstand stets alles willkommen heißt, was zu ihm aufsteigt. Wenn wir unser Leid tief empfinden und zulassen, dass es auf natürliche Weise vergeht, macht uns das stärker und doch einfühlsamer. Wir sind heil und vollständig, nicht nur trotz unserer Leiden, sondern oft genug gerade deswegen.

Im erwachten Bewusstsein können wir auch andere Menschen als ganz und heil wahrnehmen, trotz ihrer Belastungen und Schwierigkeiten. Der Buddha sagte, ein naher Feind des Mitgefühls sei Bedauern. Andere zu bedauern heißt, sie in Gedanken erniedrigen. Mitgefühl für andere in ihren Kämpfen und Problemen zu empfinden heißt, sie weiterhin in ihrer unvermindert strahlenden Natur zu erkennen und ihnen gleichzeitig Sympathie und Trost anzubieten. Kein Mensch lässt sich gerne bedauern, aber die meisten von uns wissen es zu schätzen, wenn man Mitgefühl zeigt und sie trotz aller Probleme als heil und vollständig wahrnimmt.

In einem dunklen und überfüllten Bahnhof von Benares hörte ich eines Abends vor über zwanzig Jahren, wie eine Gruppe von Leuten ein Lied sang. Als ich dem Klang folgte, bot sich mir ein verstörender Anblick. Ein kleiner Junge, in der einen Hand ein kurzes Seil und in der anderen eine Bettelschale, führte einen alten blinden Mann über den Bahnsteig, der auf seinem Rücken einen verkrüppelten Leprakranken trug. Während sie langsam durch die Menschenmenge zogen, stellten sie etwas dar, was mir im ersten Augenblick als ein einziges Geschöpf des

Elends vorgekommen war, ein vielgliedriges Unglück. Aber sie sangen, jeder in seiner eigenen Harmonie, eine so bezaubernde Melodie, dass der Anblick ihrer Lasten und Leiden in völligem Gegensatz zu den Klängen dieser Nacht stand. Als ich so dastand, hypnotisiert von ihrem Lied und ihrem Lebensmut, verwandelte sich das Bild für mich plötzlich in etwas Wunderschönes. Während sie aus vollem Herzen sangen, schien mir jeder von ihnen absolut vollkommen und frei zu sein.

Gesunde Reue

Einfühlungsvermögen entsteht manchmal durch Reue. Wir können uns selbst leichter vergeben, wenn wir verstehen, wie Unwissenheit unser Handeln bestimmt hat, und dann zulassen, dass uns Gefühle von gesunder Reue durchströmen. Vielleicht nehmen wir freundlich zur Kenntnis, dass wir, gemessen an unserer eingeschränkten Weisheit nur das getan haben, was wir bestenfalls tun konnten. Damit sollen falsche Handlungen nicht gerechtfertigt oder spirituell bemäntelt werden. Es geht einfach darum anzuerkennen, dass wir damals nicht anders handeln konnten, als wir gehandelt haben, und dann zuzulassen, dass die schmerzlichen Konsequenzen unseres unfreundlichen Handelns ihre eigene Wirkung tun, indem sie dafür sorgen, dass wir uns in Zukunft nicht mehr auf ähnliche Weise verhalten.

Diese Art von Reue sollte nicht mit Schuld verwechselt

werden. Gesunde Reue ist das andauernde Erkennen von Worten oder Handlungen, die Schmerzen verursacht haben, und der Vorsatz, besser darauf zu achten, wenn sie erneut vorkommen. Schuld ist gewöhnlich mit einer starken Ich-Identifikation verbunden – »Ich bin schuldig« –, als seien wir ausschließlich auf das schädigende Verhalten reduziert, als seien wir die personifizierte Schuld. Die Überzeugung, dass man unaufhebbar schuldig ist, kann eine innere Resignation hervorrufen, die zu noch mehr Verwirrung und schädlichem Verhalten führt.

Eine meiner Lektionen in Reue hat mit Undankbarkeit zu tun, die durch Furcht hervorgerufen wurde. Als ich 1973 allein durch Marokko reiste, fuhr ich im Nachtbus, aus den Bergen kommend, in die Ebene. Ich war nicht nur die einzige Touristin oder Englisch sprechende Person in diesem Bus, sondern ich war dort auch die einzige Frau. Ungefähr auf halber Strecke brach ein gewaltiger Gewittersturm aus, und der Bus begann auf den dunklen und sehr kurvenreichen Passstraßen zu schwanken und zu schlingern. Im strömenden Regen war nicht mehr zu erkennen, wo die Straße aufhörte und die steilen Abhänge begannen. Eine Weile fuhren wir in angespannter Stille weiter. Schließlich hielt der Fahrer mitten in der Nacht in der Nähe eines kleinen Dorfes an. Was eigentlich nur als Haltestelle gedacht war, um Passagiere aussteigen zu lassen, schien nun die vorläufige Endstation zu sein. Offensichtlich hatte der Fahrer beschlossen, dass es zu gefährlich war, die Reise fortzusetzen. Alle begannen auszusteigen, und der Fahrer bedeutete mir, dass auch ich den Bus verlassen müsse.

Nun standen wir ungeschützt draußen im Gewitter, und die Männer machten sich rasch auf den Weg ins Dorf. Alle verschwanden in der Dunkelheit, alle, bis auf einen, der zurückblieb und mir Zeichen gab, ich solle ihm folgen. Mit den wenigen Brocken Französisch, die ich beherrschte, machte ich ihm klar, dass ich gerne in einer *»Pension«* übernachten würde. Aber ich hatte das ungute Gefühl, dass es so etwas in diesem Ort nicht gab.

Wir schafften es zum Dorf, das überwiegend aus Steinhütten bestand. Ich rief meinem Führer von hinten immer wieder das Wort *»Pension«* zu, während wir uns durch den Sturm kämpften, aber er ließ nie erkennen, dass er mich hörte. Nachdem wir durch viele kleine Gassen abwärts gegangen waren, öffnete der Mann die Tür zu einer der Hütten, in der es nur einen einzigen unbeheizten Raum gab. Darin schliefen eine Frau und mehrere kleine Kinder. Der Mann sprach Arabisch mit ihnen, und die Frau und die Kinder rückten mit ihren Decken von dem Feldbett herunter auf den Boden. Der Mann bedeutete mir, ich solle mich auf das Feldbett setzen.

Ich stand in der Tür und war auf völlig irrationale Weise wütend darüber, dass er mich nicht zu einer Pension gebracht hatte, als hätte er sie einfach herbeizaubern können. Als ich mich auf der dunklen, leeren Straße umsah, war mir klar, dass ich kaum eine Alternative hatte. Aber ich hatte viele furchbare Geschichten darüber gehört, was allein reisenden jungen Frauen in Marokko alles zustoßen konnte, und deshalb hatte ich entsetzliche Angst, die Hütte zu betreten. Doch stundenlang draußen im eiskalten Regen zu stehen, war auch nicht sicherer und schien mir noch schlimmer. Verängstigt, durchgefroren und mit dem verzweifelten Verlangen, aus dem Sturm herauszukommen, betrat ich schließlich argwöhnisch den Raum, zog nur meinen Mantel aus und setzte mich auf das jetzt freie Feldbett. Dann zog ich demonstrativ mein Schweizer Armeemesser aus dem Rucksack und sorgte dafür, dass jeder es sah. Nach einigem Murmeln legte sich die Familie wieder zum Schlafen hin. Ich blieb hellwach. Ein paar Stunden später rannte ich im ersten Morgengrauen wieder hinaus in den Regen und zurück zum Bus, ohne auch nur ein Wort des Dankes zu sagen.

Als junge verängstigte Frau, von Fremden aufgenommen und beschützt, war ich nicht in der Lage gewesen, die Freundlichkeit dieser Leute zu erkennen und mich dafür zu bedanken. Schlimmer noch, ich hatte mich sogar extrem unhöflich benommen. Während der nächsten Tage und Wochen dachte ich mit starken Gefühlen der Reue über mein Verhalten in dieser Nacht nach. Ich wünschte mir von Herzen, dass ich diesen Leuten gedankt hätte.

Im Laufe meines Lebens gab es Hunderte solcher Lektionen in Reue. Manchmal reicht als Anlass schon ein Gespräch mit jemandem, während dessen man in den Augen des oder der anderen ein kurzes Aufflackern von Verlegenheit oder Verletzung wahrnimmt. Wenn man das, was ich »gesunde Reue« nenne, verspürt, dann lässt sie unseren Stolz dahinschmelzen und weckt die Bereitschaft, uns zu entschuldigen oder etwas wieder gutzumachen. Solche Erlebnisse lassen uns auch andere Menschen besser verstehen, von deren Verhalten wir uns verletzt fühlen. Wenn jemand beispielsweise undankbar oder unhöflich ist, dann erinnere ich mich vielleicht an die verängstigte junge Frau vor vielen Jahren in Marokko, die damals zu einem anderen Verhalten nicht fähig war.

Vergebung

> *»Wenn du die Mutigen sehen willst, dann schau jene an, die vergeben können. Wenn du die Helden sehen willst, dann schau jene an, die Hass mit Liebe vergelten können.«*
>
> BHAGAVAD GITA

Wenn bei einem bestimmten Stamm in Afrika eine Frau schwanger wird, dann geht sie mit anderen Frauen ihres Stammes hinaus in die Wildnis, um zu beten und zu meditieren, bis sie das Lied des ungeborenen Kindes hören. Wenn sie zu ihrem Stamm zurückkehren, bringen sie dieses Lied den anderen Mitgliedern bei. Ist das Baby dann geboren, versammeln sich alle Stammesangehörigen um das Neugeborene und singen ihm sein Geburtslied. Sie singen es wieder, wenn das Kind vom Jugendlichen zum Erwachsenen wird, wenn es heiratet und in der Todesstunde. Aber es gibt noch eine weitere Gelegenheit, bei welcher der Stamm dieses Lied für einen seiner Angehörigen singt: Wenn ein Angehöriger des Stammes einem anderen Leiden zugefügt hat, dann wird er in die Mitte eines Kreises gestellt, um den sich die anderen Stammesmitglieder versammeln, während sie sein Geburtslied singen, um ihn an seine eigene Schönheit zu erinnern. Der Stamm weiß, dass Liebe und nicht Strafe heilt, wenn jemand vom Weg abgekommen ist.

Wie kommt es, dass wir unsere Schönheit vergessen und Dinge tun, die anderen Leiden verursachen? Wenn wir uns still beobachten, stellen wir fest, auf welche Weise konditionierte oder gewohnheitsmäßige Gedanken, die auf früheren Erfahrungen beruhen, unsere gegenwärtigen Impulse auslösen. Wenn diese Gedanken auf Leid und Verwirrung beruhen, bringen die daraus folgenden Handlungen meist ein ziemliches Durcheinander in unser Leben. Fixiert auf die Gedanken stolpern wir durch die Gegend, machen Fehler und ertragen oder verursachen alle möglichen weiteren Leiden. Je intensiver die konditionierten Gedanken wirken, desto verwirrter handeln wir in der Gegenwart. In solchen Momenten haben wir unser wahres Selbst vergessen.

Wenn wir beispielsweise schlechte Laune haben (wenn konditionierte Gedanken unser Bewusstsein überwältigen), verletzen wir einen nahestehenden Menschen mit Worten. Der andere zieht sich zurück oder reagiert zornig, und nun packt uns die Wut. Wir steigen ins Auto und brettern rücksichtslos über die Straße, fast ohne zu merken, dass wir fahren. Wir haben uns inzwischen so sehr in unsere Geschichte verbissen, dass wir zu einer Lebensgefahr für unsere Mitmenschen werden. Die ursprüngliche Erregung durch konditionierte Gedanken ist in rasenden Zorn eskaliert, der in Zukunft seine eigenen konditionierten Gedanken hervorrufen wird.

Im erwachten Bewusstsein stellen wir uns auf die Stille jenseits dieser Konditionierung ein. Uns wird dann auch klar, dass konditionierte Gedanken uns ungebeten überfallen und manchmal das Kommando übernehmen. Je mehr wir dies in unserem eigenen Fall erkennen, desto mehr realisieren wir, dass es für jeden Menschen gilt. Wenn jemand sich schlecht benimmt, dann hat das damit zu tun, dass er von konditionierten Gedanken überwältigt wird.

So wie wir großmütig auf die persönlichen Eigenarten und das unpassende Benehmen unserer Kinder reagieren, empfinden wir allmählich auch Großzügigkeit und Verständnis für unsere engsten Angehörigen, Kollegen und sogar für Fremde, von denen wir in den Nachrichten hören – einfach für jeden, der sich von konditionierten Gedanken in die Irre führen ließ. Weil wir wissen, dass keine Handlung uns definiert, erkennen wir auch, dass andere Menschen nicht durch ihre Handlungen definiert werden. Wir können Leuten, mit denen wir Schwierigkeiten hatten, in die Augen sehen und dabei ihre reine, lebendige Gegenwart spüren, die jenseits ihrer Worte und Handlungen liegt. Kürzlich sah ich auf einem Gehweg folgendes Graffiti: »Der heiligste Ort auf Erden ist der, an dem alter Hass sich in gegenwärtige Liebe verwandelt hat.«

Vergebung bedeutet jedoch nicht, dass wir über verletzende Verhaltensweisen hinwegsehen. Wenn uns klar ist, dass jemand, der uns verletzt hat, das erneut tun könnte, dann treffen wir alle nötigen Maßnahmen, um eine Wiederholung zu verhindern. Aber wir tun es mit dem Verständnis, dass Verwirrung, Unwissenheit und Grausamkeit als Manifestationen des Bewusstseins existieren; immerhin wissen wir gut genug, dass auch in uns selbst gelegentlich verrückte Gedanken aufflackern. Stellen wir uns einmal vor, aus diesen kurzen Momenten wären glühende Kohlen des Zorns geworden, und das schon solange wir zurückdenken können. Dann würden wir uns vielleicht genötigt fühlen, unsere Wut auszuagieren, weil wir den Eindruck haben, dass wir kurz vor der Explosion stehen. Wenn ich jemanden sehe, der wütend ist, spüre ich manchmal, wie sich der innere Druck – langsam brodelnd – im Laufe der Zeit aufgebaut hat und nun zur Eruption führt.

Wir kennen aus der Geschichte viele Despoten, die Folterungen eingeführt oder Völkermord begangen haben. Gegenwärtig erleben wir, wie weltweit der Terror um sich greift, verbreitet von Leuten, die so viel Schmerz und Leiden wie möglich verursachen wollen. Wir können erkennen, dass die konditionierten Gedanken in allen diesen Fällen von Unglück geprägt waren. Nur ein höllischer Zustand, ein gequälter Geist, kann solches Elend verursachen. Grausamkeit wird aus Schmerz und Verwirrung geboren. Sie entsteht nicht aus echtem Glück und wahrer Liebe. Wie Longfellow sagte: »Wenn wir die geheime Geschichte unserer Feinde lesen könnten, würden wir im Leben eines jeden genug Trauer und Leid finden, um alle Feindseligkeit zu entwaffnen.«

Wir können verstehen, wie es zu Grausamkeiten kommt, weil wir wissen, wie schwer es uns selbst manchmal fällt, dem Impuls zu unfreundlichen Worten oder Taten zu widerstehen. Trotz aller Anstrengungen schaffen wir es nicht immer. Um wie viel härter ist das für Menschen, deren konditionierte Gedanken noch negativer sind oder deren Lebensumstände extrem schwierig waren. Wenn solche Personen zur Einfühlung finden, ist das ein Ereignis von außergewöhnlicher Schönheit.

Vor ungefähr sieben Jahren kam ein Mann zu den Dharma-Dialogen, der gerade aus dem Gefängnis entlassen worden war. Als Künstler, der Aikido praktizierte und glücklich mit seiner Familie lebte, hatte er in der Nähe seines Landhauses einige wenige Marihuana-Pflanzen gezogen. Eines Tages stürmten im Morgengrauen 30 FBI-Agenten sein Haus und versetzten seine Frau und seine beiden kleinen Kinder in Schrecken, indem sie jeden Raum durchwühlten. Der Mann wurde zu zweieinhalb Jahren Gefängnis verurteilt. Sein Haus und sein Eigentum wurden konfisziert. Seine Frau, die gezwungen war, das Haus zurückzukaufen, hatte während der nächsten Jahre enorme finanzielle Probleme, weil ihr Einkommen auf die Hälfte des üblichen Betrages geschrumpft war.

Als dieser Mann aus dem Gefängnis entlassen wurde, schämte er sich, weil er seiner Familie so viel Leid zugefügt hatte, und er war zutiefst verbittert über das Justizsystem, das ihn einen so hohen Preis für seinen Fehler hatte zahlen lassen. Nachdem er sechs Monate an den Dharma-Dialogen teilgenommen hatte, tauchte er bei einem unserer einwöchigen Schweige-Retreats an der Küste von Oregon auf.

»Bei diesem Retreat«, sagte er später, »entfaltete sich ein Gefühl der Vergebung – im Großen wie im Kleinen. Das

Schweigen und die Gruppensitzungen machten mich weicher und einfühlsamer, und eines Morgens begann ich zu weinen. Dieses Weinen hielt vier Stunden an. Während dieser Zeit tauchte mein Geist in das Leiden ein, das ich selbst erlebt hatte, in das Leiden, dessen Zeuge ich geworden war, und in das Leiden, das ich verursacht hatte, vor allem in die Gefühle, die meine Kinder aufgrund meines Handelns empfanden. Alle Ereignisse, die in meinem Leben als Kind oder Erwachsener mit Leid verbunden gewesen waren – alles verwandelte sich in Vergebung. Ich machte reinen Tisch. Ich empfand eine tiefe Demut, weil ich ein Mensch war, der Fehler machte. Dieses Verständnis erlaubte mir, Vergebung für jeden zu empfinden, der mit meinem Gefängnisaufenthalt zu tun hatte – den Richtern, den Aufsehern, den Bewährungshelfern. Ja, ich habe Fehler gemacht, und jeder macht Fehler, also was kann man irgendjemandem vorwerfen?«

Die Leute sagen, es sei schwer zu vergeben, aber sich an die Bitterkeit zu klammern, ist wesentlich schlimmer. Es ist so, als würde man von einer Schlange gebissen. Der ursprüngliche Biss – also beispielsweise die Trauer – ist sehr schmerzhaft, aber das eigentliche Problem taucht auf, wenn das Gift durch die Blutbahn kreist. Dieses Gift von Hass oder Ärger ist in der Regel sehr viel schlimmer als der ursprüngliche Biss; es scheint in jede Zelle unseres Körpers einzudringen. Vergebung ist in diesem Fall das stärkste Gegengift. Es ist, wie jemand einmal gesagt hat, »der Duft, den das Veilchen um den Fuß herum verströmt, der es gerade zertreten hat«.

Einfühlsames Erbarmen

»So come my friends, be not afraid,
we are so lightly here.
It is in love that we are made,
in love we disappear.«

(Kommt, meine Freunde, fürchtet nichts, das Leben ist so leicht, in Liebe wurden wir gezeugt, in Liebe gehen wir.)

LEONARD COHEN: »Boogie Street«,
aus dem Album *Ten New Songs*

Kurz nachdem ich meinen Lehrer Poonjaji in Indien kennen gelernt hatte, wurde ich Zeugin eines unvergesslichen Ereignisses. Während der Morgensitzung kam eine Frau, die hysterisch wirkte, zu ihm auf die Bühne. Ihre Fragen und Kommentare hatten scheinbar nichts mit dem zu tun, was er lehrte, aber noch schlimmer war, dass sie herumfuchtelte, hysterisch lachte und den Meister fast von seinem Sitz warf. Auch wenn er stark wie ein Fels wirkte, war Poonjaji damals fast achtzig Jahre alt und hatte verschiedene Gesundheitsprobleme. Diejenigen von uns, die ihm am nächsten saßen, konnten die Situation kaum ertragen, und irgendwann schritt jemand ein, um die Frau zurückzuhalten, weil er fürchtete, sie könne den Meister jeden Moment unabsichtlich verletzen. Unterdessen versuchte Poonjaji auf seine Weise, zu ihr durchzudringen. »Du und ich sind eins«, sagte er. »Du brauchst dich nicht als Bettlerin zu fühlen, die darauf hofft, gerettet zu werden; du befindest dich schon auf dem Thron der Freiheit.« Die Frau reagierte darauf mit kreischendem Gelächter, schlang ihre Arme um seinen Kopf und zog ihn an sich. Nach einer scheinbaren Ewigkeit stand sie auf, um zu gehen, aber nicht ohne ihn zuvor um sein Taschentuch zu bitten, das einzige, das er bei sich hatte, um sich die Stirn zu wischen. Natürlich gab er es ihr, und mit triumphierend erhobenen Armen bahnte sich die Frau lachend ihren Weg durch die Menge zurück zu ihrem Platz, während sie stolz das eroberte Taschentuch schwenkte.

Die Leute in den vorderen Reihen stießen einen kollektiven Seufzer der Erleichterung aus. »Welch eine Verschwendung seiner kostbaren Energie«, dachte ich. »Er sollte vor solchen Leuten geschützt werden. Sie brauchen einen Therapeuten und keinen Buddha.«

Während ich so vor mich hinbrummelte, vollzog sich auf der Bühne eine stille Transformation. Poonjaji hatte sich in absolutes Schweigen zurückgezogen und die Augen geschlossen, obwohl wir uns in der Dialogphase der Morgensitzung befanden. Diejenigen von uns, die in seiner Nähe saßen, sahen drei oder vier Tränen über seine Wangen rollen.

Mir dämmerte, dass Poonjaji nicht dort saß und urteilte, sich keine Gedanken darüber machte, ob diese oder jene Person seiner Zuwendung wert war oder seine Lebenskraft erschöpfte. Er sah nur das Leiden, die tiefen Wunden, aus denen eine Neurose entstanden war, das Kind, das nicht nach Hause fand, obwohl es im eigenen Vorgarten stand. Wenn er überhaupt Vergleiche zog, dann stellte er wahrscheinlich nur geringe Unterschiede zwischen uns fest. Er mochte wohl überwältigt sein von der ungeheuren Größe jener blinden Kräfte der Unwissenheit, die zum Leiden führen. Vielleicht konnte er in diesem Augenblick nichts anderes tun, als ein paar Tränen zu vergießen. Beschämt von der Härte, mit der ich innerlich auf die Frau reagiert hatte, über deren geistige Möglichkeiten und Probleme im Leben ich nichts wusste, spürte ich, wie meine eigene Beurteilung dahinschmolz. Und während ich dort saß, wusste ich, dass ich nie wieder etwas so Kostbares wie Poonjajis Tränen sehen würde.

Wenn wir auf Urteile oder Annahmen in Bezug auf andere verzichten, stellt sich in den meisten schwierigen Situationen Mitgefühl ein. Mitgefühl stellt sich leicht ein, wenn wir ein krankes Kind sehen, oder wenn jemand, den wir lieben, verletzt ist oder Schwierigkeiten hat. Aber im Zustand des erwachten Bewusstseins fließt das Mitgefühl auch für jene, denen es sonst nur höchst selten gilt: »Jesus in seinen bedrückenden Verkleidungen«, wie Mutter Theresa sie nannte.

Vor einigen Jahren war ich mit einer guten Freundin in Kalifornien in einem Lebensmittelgeschäft. Während wir dort von Gang zu Gang schlenderten, fiel uns eine Mutter mit einem kleinen Jungen auf, die in der entgegengesetzten Richtung unterwegs waren, sodass sie uns am Ende jedes Ganges begegneten. Die Frau bemerkte uns kaum, weil sie so wütend über ihren kleinen Sohn war, der offenbar ständig irgendwelche Sachen aus den unteren Regalen zog. Die Mutter wurde immer ärgerlicher, begann das Kind anzubrüllen, und einige Gänge weiter schüttelte sie es schließlich am Arm.

An diesem Punkt sprach meine Freundin sie an. Sie war selbst eine wunderbare Mutter von drei Kindern und Gründerin einer progressiven Schule und hatte wahrscheinlich nie im Leben ein Kind so hart behandelt. Ich rechnete damit, dass meine Freundin dieser Frau von Mutter zu Mutter gründlich die Leviten lesen, ihr etwas über Selbstkontrolle sagen und sie darauf hinweisen würde, wie sich ihr Verhalten auf das Kind auswirkte. Ich wappnete mich für eine Konfrontation und spürte, wie mein ohnehin schon erhöhter Adrenalinspiegel weiter nach oben schoss.

Doch stattdessen sagte meine Freundin: »Was für ein hübscher kleiner Junge. Wie alt ist er denn?« Die Frau antwortete vorsichtig: »Er ist drei.« Nun redete meine Freundin darüber, wie neugierig er wirkte und dass ihre eigenen drei Kinder sich im Lebensmittelgeschäft genauso verhalten und alles aus den Regalen gezogen hätten, weil sie all diese wunderbaren Farben und Verpackungen so spannend fanden. »Er wirkt so klug und intelligent«, sagte meine Freundin. Die Frau hatte den Jungen inzwischen auf den Arm genommen, und auf ihrem Gesicht erschien ein schüchternes Lächeln. Während sie sanft das Haar aus seinen Augen strich, sagte sie: »Ja, er ist ziemlich smart und neugierig, aber manchmal macht er mich einfach fertig.« Meine Freundin antwortete voller Mitgefühl: »Ja, das passiert hin und wieder; sie stecken einfach so voller Energie.«

Als wir weitergingen, hörten wir, wie die Mutter nun freundlicher mit dem Jungen sprach und ihm sagte, sie würden jetzt heimfahren und Abendessen kochen. »Es gibt dein Leibgericht – Makkaroni mit Käse«, erzählte sie ihm.

Wenn wir nicht beweisen müssen, dass wir Recht haben oder dass jemand anders für sein Verhalten kritisiert und bestraft werden sollte, wissen wir oft instinktiv, was in einer bestimmten Situation die Harmonie fördert und allen Beteiligten am besten hilft. Ein Tadel hätte die Mutter wahrscheinlich noch wütender gemacht – und diese Wut hätte sie vielleicht später an ihrem Kind ausgelassen. Es gibt zwar Situationen, in denen es angemessen ist, beherzt einzugreifen, um jemanden daran zu hindern, einem anderen Menschen wehzutun, aber oft nützt es mehr, wenn wir gegenüber denen, die von ihrem Ärger überwältigt sind, einfach Liebe und Verständnis zeigen.

Jeder von uns findet in seinem Alltag Möglichkeiten, Einfühlung und Mitgefühl zu zeigen. Diese kleinen Gefälligkeiten gegenüber Freunden, Angehörigen oder Fremden fallen in der Welt vielleicht gar nicht weiter auf. Wir gewinnen damit keine Preise für Heldentum und werden nicht in der Zeitung wegen guter Taten erwähnt, aber wir werden in einem selbst erzeugten Feld reiner Schwingungen leben, wenn wir die Liebe durch uns hindurchströmen lassen. Das ist Belohnung genug.

Körperlichkeit

Wasserkresse. Sie sah sie am Flussrand wachsen wie winzige grüne Lilien in miteinander verwobenen Gruppen, die in den Wasserwirbeln trieben. Das Hochgefühl der vergangenen Nacht und des Morgens hatte ihr bis hierher Kraft gegeben, aber nun war sie hungrig. Sie bewegte sich auf die Pflanze zu, wie ein Tier dem reinen Instinkt folgend. Während sie die Wasserkresse kaute und schluckte, spürte sie, wie ihr Körper sie seiner eigenen Essenz einverleibte. Ihre Körperrealität, ihr körperliches Selbst aus Fleisch und Blut, beherrschte während des Kauens ihr Bewusstsein. Sie war ein Geschöpf, in ihrem Überleben abhängig von der natürlichen Umwelt. Sie war von der Natur geschaffen worden, und ihr Überleben hing ab von der Zuverlässigkeit ihrer Sinneswahrnehmungen und deren Botschaften aus einem steten Strom von Freude und Schmerz.

Mit den gesteigerten körperlichen Empfindungen hatte sie ein Gefühl, als würde sie vom Leben gestreichelt. Der Wind auf ihrem Gesicht, die Sonne auf ihrer Haut, der Geschmack in ihrem Mund; das war eine Kaskade von Empfindungen, die ihre Lebendigkeit verdeutlichten. Sie grübelte über ihre Leiblichkeit nach, wobei ihre Grübeleien nichts mit Denken zu tun hatten, sondern dadurch erzeugt wurden, dass sie Informationen aus einem erwachten Aspekt ihres eigenen Bewusstseins empfing.

Sie gehörte hierher, auf den Boden, auf die Erde. Früher hatte sie die Vorstellung gehabt, ihre Körperlichkeit sei ein Hindernis auf dem Weg zu einem tieferen Verständnis, und sie hatte an eine transzendente Realität geglaubt, welche die materielle Welt nicht benötigte. Sie hatte sich sogar mit Praktiken beschäftigt, die darauf abzielten, sie von ihren körperlichen Bedürfnissen zu befreien und ihr natürliches Verlangen aufzuheben.

Nun war es klar: Verkörperung ist kein Widerspruch zur Göttlichkeit, sondern deren expliziter Ausdruck. Was auch immer sie an Heiligkeit, Liebe, Würde oder Freude kennen lernen würde, sie würde es durch ihren Körper und diese Erde erfahren.

Keine Transzendenz

> *»Möge deine Sicht so weit sein wie der Himmel und dein Handeln so fein wie Gerstenmehl.«*
>
> PADMASAMBHAVA

Um in vollständiger Verkörperung oder Menschlichkeit zu leben, in leidenschaftlicher Präsenz, ist es wichtig, Ansichten und Überzeugungen unter die Lupe zu nehmen, die den vollen Ausdruck dieser Verkörperung behindern, und zu prüfen, wie wir solche gedanklichen Konzepte anwenden, um tiefe Gefühle zu vermeiden. Zu den Konzepten, die uns betäuben können, gehört die spirituelle Ideologie.

Viele spirituelle Traditionen fördern eine entkörperlichte Transzendenz oder abgehobene Distanz von genau den Dingen, die ein leidenschaftlich engagiertes Leben ausmachen. Sie betonen die Vergänglichkeit aller Phänomene, was oft in dem Sinne missverstanden wird, dass nichts davon wirklich bedeutsam ist. In dem Glauben, diese Welt sei nicht real, versuchen die Anhänger solcher Traditionen jede Bindung an die Welt zu transzendieren, und konzentrieren sich stattdessen auf die entkörperlichte Welt des reinen Geistes, die sie für die einzig wahre Realität halten. Sie sehnen sich danach, dem vermeintlich illusionären Leben in diesem irdischen Jammertal zu entkommen und ins verheißene Land der ewigen Glückseligkeit zu gelangen – eine spirituelle Steigerung des Lebens nach dem Tod.

Es gibt keinen rationalen Grund, an solche Versprechungen zu glauben, aber jeden Grund, sie infrage zu stellen, basierend auf den überwältigenden Beweisen, dass unser Leben hier und jetzt das einzige Leben ist, das wir kennen. Wenn wir denken, dass uns irgendwo ein anderes Reich erwartet, eine bessere Welt auf einer anderen Ebene oder in einer anderen Zeit – der Himmel, das Absolute oder das Nirvana –, dann vertagen wir das eigentliche Leben, als sei dies hier nur eine Art Generalprobe für unser »ewiges Leben«. Wir erkennen dann nicht, dass wir im Grunde der verkörperte Ausdruck der Lebenskraft sind, nicht körperlose Geister, gefangen im Fleisch, die ihre endgültige Befreiung erwarten.

Religiöse Konzepte über die Transzendenz sind im Laufe der Zeit von abergläubischen Gesellschaften überliefert worden, als die meisten Menschen ein kurzes und brutales Leben führten und die Hoffnung auf ein besseres Leben nach dem Tod ihnen half, den Tag zu überstehen. Aber diese entkörperlichte Weltsicht ist nicht nur anachronistisch, sondern auch potenziell schädlich. Sie kann zur Apathie führen, indem sie unsere Leidenschaft für das Leben und unsere Fürsorge für andere verringert. Unsere natürliche, menschliche Daseinsfreude zu ersticken kann in einer Depression enden – einem Gefühl, dass unsere Lebenszeit nichts weiter ist als ein Gefängnis voller Illusionen. Der religiöse Glaube an ein großartiges Leben nach dem Tod kann bei dafür empfänglichen Menschen auch dazu führen, dass sie manipulierbar werden und zu grausamen Handlungen bereit sind.

Abgesehen von den Vertretern dieser entkörperlichten oder transzendenten Weltsicht gibt es auch spirituelle Schulen, die munter erklären: »Alles ist vollkommen.« Diese Traditionen glauben, dass alles, was geschieht, dem Willen Gottes entspricht und genauso ist, wie es sein sollte. Einige dieser Schulen sagen, alle Manifestationen seien vorbestimmt, die Geschichte der Zukunft sei schon geschrieben, jeder Lidschlag unserer Augen und jedes Blatt, das vom Baum fällt, sei vorher schon festgelegt, und alles entspreche deshalb dem großen Plan. Ob nun alles vorbestimmt ist oder nicht, jedenfalls müssen wir zugeben, dass in dem riesigen kosmischen Wirbel, in dem Galaxien kommen und gehen, eine bestimmte Ordnung herrscht und die

Ereignisse bestimmten Naturgesetzen gehorchen. Aus dieser übergeordneten Perspektive sehen wir ausschließlich Vollkommenheit. Hier auf Erden würde ich jedoch den Kommentar eines Zen-Meisters zu diesem Thema bevorzugen: »Auch wenn alles perfekt ist, gibt es immer noch Spielraum für Verbesserungen.«

Ein weiteres populäres Glaubenssystem ist das vom Gesetz des Karmas. Als eine Variante des Themas »Alles ist vollkommen« besagt der Karma-Glaube, dass alles, was einem Menschen geschieht, durch sein eigenes Handeln in diesem oder einem früheren Leben verursacht wird. Er besagt, dass wir alle eine endlose Folge von Handlungen aus früheren Leben hinter uns herziehen und dass diese Handlungen jederzeit die Ursache für ein Ereignis sein können, beispielsweise für einen Autounfall, einen Lotteriegewinn oder dafür, dass wir eine falsche Nummer wählen. Jeder Moment des Lebens wird als Resultat vergangenen Karmas interpretiert.

Diese Weltanschauungen – alles ist Illusion, alles ist vollkommen, alles ist Karma – können eine Feigheit des Herzens verbergen. Man kann sie als Puffer für die eigenen Gefühle gegenüber jenen benutzen, die leiden oder weniger Glück im Leben haben. Wer die Welt für eine Illusion hält, sagt leidenden Menschen, dass all dies nicht wirklich geschieht, sondern nur eine Art Traum ist. Wer meint, dass alles perfekt oder vorbestimmt ist, hat das Gefühl, alles geschieht so, wie es nach Gottes Willen sein soll. Und wer sagt, alles ist Karma, hat vielleicht das Gefühl, dass Elend gerecht ist und diejenigen, die leiden, es irgendwie nicht besser verdient haben und damit eine karmische Schuld abzahlen.

Diese gedanklichen Konzepte können auch als Rechtfertigung dafür herhalten, dass Leute mehr nehmen, als ihnen zusteht, und die schwindenden Ressourcen der Erde vergeuden. Wenn nichts real ist, was macht es dann aus, wenn wir die Schätze unseres Planeten verschwenden? Wenn alles vollkommen ist, soll es offensichtlich so sein, dass wir die Schätze unseres Planeten verschwenden, denn genau das ist es, was geschieht. Und wenn es einfach Karma ist, genießen wir unseren verschwenderischen Konsum ohne Schuldgefühle, denn wir haben ihn uns durch frühere gute Taten verdient.

Zwar mögen viele Leute, die sich solchen Überzeugungen verschreiben, ein differenziertes Verständnis davon haben und sich engagiert um andere Menschen und die Umwelt kümmern, aber die Glaubenssysteme selbst werden von anderen, die über ein weniger reifes Verständnis verfügen, oft als Rationalisierungen für ihr selbstsüchtiges Verhalten missbraucht. Wir haben alle schon die Plattitüden solcher Leute gehört. Vielleicht haben sich gelegentlich sogar unsere Nackenhaare gesträubt, wenn wir feststellen mussten, dass diejenigen, die sie am lautesten verkünden, sich in privilegierten Positionen befinden oder noch nicht im Feuer von Verlusten geprüft worden sind.

In den Dharma-Dialogen meldete sich eines Abends eine Frau zu Wort und berichtete über ein Ereignis, das sie schon oft bereut hatte. Vor vielen Jahren, als spirituelle Ideen ihr noch neu waren, wohnte sie direkt neben einer schwangeren Frau, mit der sie sich gerne angefreundet hätte. Kurz nach der Geburt rief sie ihre Nachbarin an, um sich mit ihr zu verabreden. Die Nachbarin war sehr froh über den Anruf, denn sie betrauerte den Verlust ihres Babys, das tot geboren worden war. Die Anruferin reagierte darauf mit einem kurzen spirituellen Diskurs darüber, dass alles so ist, wie es sein soll. Plötzlich verfiel die trauernde Mutter am Telefon in völliges Schweigen. Sie hängten bald auf und sprachen nie wieder miteinander. Obwohl die Anruferin ihre spirituelle Perspektive in bester Absicht angeboten hatte, war ihr begrenztes Verständnis die Ursache der Entfremdung.

Das Wort Mitgefühl meint tatsächlich, mit anderen zu fühlen und mit ihnen zu leiden. Im Zustand des erwachten Bewusstseins gibt es keine beruhigende Geschichte, die uns eine Distanzierung von diesem Leiden ermöglicht. Die Intelligenz ist klar und weit genug, um es einzuschließen, aber dabei doch spezifisch und einfühlsam genug, um auf die Nuancen der Trauer einzugehen. Sie schaut nicht weg und verlässt sich auch nicht auf irgendwelche gedanklichen Konzepte, um dem Gefühl auszuweichen. Welche Art von Freiheit wäre es schließlich, die eine Flucht vor dem Leiden fordert. Schließt die wahre Freiheit das Leiden nicht ein?

Das bedeutet jedoch nicht, dass wir unter dem Elend zusammenbrechen müssen. Auch wenn wir im Herzen vielleicht mit den Leidenden eins sind, können wir ihnen und uns doch das weite Bewusstsein anbieten, in dem wir wissen, dass Leiden ein Teil des Lebens ist. Statt uns im

Widerstand zu verhärten, fühlen wir einfach das Leiden, wie immer es sich darstellt, und lassen zu, dass es sich auswirkt, sobald es entsteht, Augenblick für Augenblick, ohne zu fordern, dass es aufhören sollte. Es entfaltet sich von selbst in den klaren, offenen Raum des Bewusstseins hinein und verschwindet nach eigenem Ermessen.

Bei einer Gelegenheit war ich Zeugin eines echten Beispiels vom freien Ausdruck des Mitgefühls. Eine schluchzende Frau trat vor Poonjaji und berichtete ihm unter Tränen, dass sie gerade eine tragische Nachricht erhalten hatte. Ihr bester Freund hatte am Abend zuvor in seinem Büro in Katmandu, Nepal, gearbeitet, und einige Männer waren dort eingebrochen und hatten ihn durch mehrere Messerstiche in den Bauch schwer verletzt. Jetzt befand er sich in kritischem Zustand in einem nepalesischen Krankenhaus, und die Frau wollte mit dem nächsten Zug zu ihm fahren. Sie sagte, seit sie die Nachricht gehört habe, komme es ihr so vor, als würden die Messer in ihrem eigenen Bauch stecken.

Poonjaji nahm ihre Hände in seine und blickte sie schweigend an, während sie weiter weinte. Dann legte er seine Stirn an ihre und sagte: »Ich trauere mit dir.« So saßen sie eine Weile zusammen, und als das Schluchzen der Frau allmählich nachließ, sagte Poonjaji: »Aber dies ist *Samsara*.«

In ihrer Kargheit war diese Begegnung für mich immer eine wichtige Erinnerung an das, worum es geht: eine Bereitschaft, das Leiden tief mitzuempfinden – ich trauere mit dir – und zugleich anzuerkennen, dass dies die Art und

Weise ist, wie es hier zugeht; dies ist das Leben mit seinem Schrecken und seiner Schönheit. Wenn wir unsere Situation aus einem übergeordneten Blickwinkel betrachten und sie gleichzeitig in ihrer besonderen und persönlichen Ausprägung empfinden, wird unsere Motivation zu einer des Dienens, geprägt vom erwachten Bewusstsein – dann ist unsere Perspektive so weit wie der Himmel und unser Handeln so fein wie Gerstenmehl.

Tiefe Ökologie, weites Selbst

> *»Wenn du einen Apfelkuchen ohne fremde Zutaten backen willst, musst du erst einmal das Universum erschaffen.«*
>
> CARL SAGAN

Auch wenn viele von uns in den wohlhabenderen Teilen der Welt heute eine größere Lebenserwartung und Zugang zu Informationen, Komfort und ungekanntem Reichtum haben, sehen wir doch überall bedrohliche Zeichen. Wir stehen Herausforderungen gegenüber, die wir bisher in der Geschichte nicht kannten: Klimaerwärmung, die Verschmutzung der Weltmeere, Artensterben, Ozonabbau, Trinkwassermangel und eine weltweite Bevölkerungsexplosion führen zur Konkurrenz um knappe Ressourcen, und dieser Druck erhöht seinerseits das Gewaltpotenzial. Was unsere Zeit einzigartig macht, ist das globale Ausmaß der Probleme. Wir können nicht vor ihnen davonlaufen.

Es gibt heute große ökologische Bewegungen, die sich für den Umweltschutz einsetzen, eine Politik der Nachhaltigkeit oder sogar des Nullwachstums proklamieren und die Homogenisierung und Tyrannei der globalen Wirtschaft anprangern. Aber ohne einen Wandel in unserem Herzen und ein echtes Erwachen des Mitgefühls werden die besten Ideen weltweit nur wenig bewirken. Diejenigen, die solche Probleme scheinbar nicht wahrnehmen, auf die Situation hinzuweisen oder von ihnen Opfer zu verlangen, inspirieren keine Veränderungen.

Trotz unserer hochfliegenden Strategien und Philosophien, werden wir immer noch überwiegend von primitiven Instinkten wie Aggression und Gier getrieben. Unser traditionelles biologisches Programm schaltet schon bei den unbedeutendsten Anlässen extreme Kampf-oder-Flucht-Reaktionen ein, als ob eine Situation, in der ein anderer Verkehrsteilnehmer uns die Vorfahrt nimmt, damit vergleichbar wäre, dass wir von einem Riesenelefanten angegriffen werden. Und auch wenn es eine gute Idee sein mag, einfacher zu leben und mit anderen zu teilen, ist unser Überlebensprogramm doch darauf ausgerichtet, dass wir uns selbst ein größeres Stück vom Kuchen nehmen. Zwar haben diese Impulse im Laufe der Geschichte der menschlichen Rasse erlaubt, sich zu vermehren, wenn es reichlich Ressourcen gab und die Bevölkerungsdichte gering war, aber der Trieb nach Selbsterhaltung und Selbstbelohnung um jeden Preis wird nun zu einer Bedrohung für die Gesundheit des Planeten und des Lebens im Allgemeinen.

So wie wir darauf achten müssen, dass wir die spirituelle Energie nicht dazu benutzen, uns vom Leiden unserer Welt zu distanzieren, müssen wir andererseits auch erkennen, dass eine Umweltschutz- oder Öko-Philosophie ohne eine spirituelle Perspektive ihre Grenzen hat. Spirituelle Philosophien tendieren dazu, unser Bewusstsein in Wolken der Verdrängung schweben zu lassen. Umweltphilosophien verleiten uns manchmal zu einer Fixierung auf eine rein biologische Realität. Wir vernachlässigen dann vielleicht die übergeordnete Sicht, die Dimensionen von Verständnis und Liebe, und klammern uns zu stark an unsere Umweltziele. Wenn wir bei deren Verfolgung nicht die komplizierten Zusammenhänge oder die Gefühle derjenigen berücksichtigen, auf deren gegenwärtige Realität sich unser Handeln auswirkt, kommt es oft zu Gegenreaktionen, die genau das verhindern, was wir erreichen wollen.

Wenn wir Veränderungen herbeiführen wollen, muss der erste Schritt darin bestehen, in unserem eigenen Herzen Liebe zu finden und diese Liebe bei allen menschlichen Kontakten anzubieten. Außerdem müssen wir unsere Forderungen im eigenen Leben praktisch umsetzen und damit ein Beispiel geben. Wie Gandhi sagte: »Lasst uns die Veränderung sein, die wir herbeiführen wollen.« Ein Freund meinte einmal: »Jeder Narr kann sehen, dass wir uns in einer globalen ökologischen Krise befinden. Die Frage ist, wie wir einen Narren veranlassen, entsprechend zu handeln.« Wir veranlassen den Narren, entsprechend zu handeln, indem wir den Weisen im Inneren des Narren ermutigen, sich zu zeigen. Denn der Weise handelt schon entsprechend. Wir müssen diese leuchtende Weisheit, die trotz unserer Narrheit in unserem Inneren leidenschaftlich lebendig ist, nur respektieren und danach leben.

Meist merken wir es genau, wenn wir uns selbstsüchtig verhalten. Es fühlt sich nicht gut an, und vielleicht zwickt uns die Reue, aber die Kraft der Konditionierung treibt uns oft, bei unserem Verhalten zu bleiben, mehr zu nehmen, als uns zusteht, und die Kosten für andere oder unsere Umwelt zu ignorieren. Genauso merken wir, wenn wir heucheln und nach außen Werte vertreten, die wir selbst nicht verkörpern. Das Gefühl des Unbehagens, das wir in solchen Situationen empfinden, ist das erwachte Bewusstsein selbst. Wenn wir auf sanfte Weise zulassen, dass uns diese Gefühle voll bewusst werden, überwindet unsere eigene Herzensweisheit die Neigung, unsere Integrität zu kompromittieren, und fordert uns dazu auf, Einklang zwischen unseren Worten und Taten zu schaffen.

Einst kam eine Frau zu Gandhi und bat ihn, ihrem Sohn zu sagen, er solle künftig keinen Zucker mehr essen. Gandhi bat die Frau, mit ihrem Jungen eine Woche später noch einmal zu ihm zu kommen. Genau eine Woche danach kamen sie zurück, und Gandhi sagte dem Jungen: »Bitte höre auf, Zucker zu essen.« Die Frau dankte dem Mahatma, und während sie sich zum Gehen wandte, fragte sie ihn, warum er diese Worte nicht schon vor einer Woche gesagt hätte. Gandhi erwiderte: »Weil *ich* vor einer Woche noch nicht aufgehört hatte, Zucker zu essen.«

Viele von uns sind sich darüber klar, welche hohen Kosten unser Leben für das Ökosystem verursacht, besonders in den reicheren Ländern, wo wir den größten Teil der Ressourcen unseres Planeten verbrauchen. Aber wenn uns die Menschen, die unter unserem übermäßigen Konsum zu leiden haben, nicht wirklich etwas bedeuten, dann fällt es uns schwer, unseren üppigen Lebensstil aufzugeben, und damit wird es unhaltbar für uns, anderen Zurückhaltung zu predigen.

Wenn die Teilnehmer unserer Retreats ankommen, werden sie gebeten, sich freiwillig für eine kleine Aufgabe zu melden, beispielsweise beim Abwasch zu helfen oder die Glocke für die Gruppensitzungen zu läuten – irgendeine der einfachen Tätigkeiten, die im Rahmen eines großen Retreats erledigt werden müssen. Am ersten Tag bleiben meist viele Felder in der Freiwilligenliste noch leer. Aber im Laufe der Zeit werden nicht nur sie alle ausgefüllt, sondern die Hilfe beginnt auf jede erdenkliche Weise zu fließen. Der eine ölt eine quietschende Tür, die andere hilft einem älteren Teilnehmer, zu allen Veranstaltungen zu kommen; verschiedene Leute wechseln sich dabei ab, einer Frau, die sich den Arm gebrochen hat, beim Essen zu helfen; wieder andere sammeln Holz im Wald, um die Vorräte im Seminarhaus aufzufüllen; Tausende anderer Freundlichkeiten geschehen anonym und unbemerkt. Obwohl wir alle schweigen, ist ein Gefühl gegenseitiger Verbundenheit zu spüren, wie man es in Gesprächen *über* Verbundenheit nur selten erlebt. Dieses Gefühl macht die Leute natürlich froh, und aus ihrer Freude entspringt die Großzügigkeit.

Welche Perspektive erlaubt es uns, ein echtes ökologisches Bewusstsein zu verkörpern, in unserem Leben auf der Erde keine schädlichen Spuren zu hinterlassen, unser Handeln mit unseren Wertvorstellungen in Einklang zu bringen und das Allgemeinwohl zu fördern? Im stillen Zeugenbewusstsein können wir tatsächlich spüren, wie unsere körperliche Existenz untrennbar mit der Erde und ihrer Atmosphäre verbunden ist. Wir atmen ein und aus und tauschen ständig Atome mit der Umgebung aus. Das Sonnenlicht in unserer Nahrung erhält uns am Leben; die zahllosen Systeme von Niederschlag und Verdunstung verschmelzen mit unserem eigenen Flüssigkeitshaushalt. Wir schauen einem anderen Geschöpf – Mensch oder Tier – in die Augen und sehen dort das zeitlose Wesen des Daseins. Wir bemerken die Pflanze, die aus einer Spalte im Asphalt hervorkommt, und spüren dieselbe Lebenskraft, die wir auch verkörpern. Sogar der Asphalt spiegelt den Tanz der Moleküle, die sich in unseren Körper hinein – und wieder aus ihm herausbewegen. Die Menschen, die in ausgedörrten Wüsten verhungern, die sterbenden Seevögel, die nach einem Tankerunglück mit Öl verschmiert sind, und die Holzfäller, welche die letzten alten Wälder roden, weil sie um ihr eigenes ökonomisches Überleben fürchten, sind nicht einfach irgendwelche anderen Geschöpfe; sie sind *wir*.

Wenn wir uns auf die tieferen Lebensrhythmen einstellen, sind wir nicht mehr abhängig von einer Philosophie, die uns sagt, dass alles mit allem verbunden ist. Wir spüren in unserem Innern die untrennbare Verbindung mit unserer Umgebung. In diesem Erkennen wird alles in unserem Bewusstsein zu etwas Vertrautem – einem Teil unserer Familie. Unser Selbstgefühl erweitert sich. Aufgrund unserer genetischen Veranlagung bleiben wir vielleicht selbstsüchtig, aber was wir nun als Selbst definieren, kann das gesamte Universum umfassen. So wie wir freudig und ohne Nachdenken mit unseren Kindern oder entfernteren Verwandten teilen würden, richten wir jetzt unsere Fürsorge und Großzügigkeit auf die Familie aller Lebewesen. Unser Handeln basiert auf dem Wunsch, das Beste für alle zu erreichen, und wenn es irgendwelche Meinungsverschiedenheiten gibt, dann begegnen wir dem anderen so einfühlsam und respektvoll, als sei er ein naher Verwandter. Die Grenzen zwischen Familienangehörigen und Fremden beginnen zu verschwimmen, und plötzlich fühlt man sich dem Dasein selbst eng verbunden. In diesem Gefühl der Zugehörigkeit erkennen wir, dass wir zum Glücklichsein nicht so viel brauchen, wie wir früher dachten, und dass es sehr viel mehr Freude macht, zu teilen statt zu horten.

Mein Lehrer Poonjaji war das lebende Beispiel für eine angeborene Sensibilität der Umwelt gegenüber, obwohl er sich, soviel ich weiß, nie mit Umweltphilosophie beschäftigt hat. Er wohnte mit verschiedenen anderen Leuten in einem kleinen gemieteten Haus. Oft schrieb er seine Antworten auf die Rückseite der Originalbriefe, die er bekommen hatte, und gewöhnlich benutzte er auch den Umschlag ein zweites Mal. Alle Haushaltsabfälle bekamen die Schweine auf der Straße, und es gab darüber hinaus fast keinen Müll, der hätte entsorgt werden müssen. Bis seine Beine ihn in den letzten Lebensjahren im Stich ließen, ging er fast überallhin zu Fuß. Einmal gaben ein Freund und ich ihm einen großen Korb voll schöner, farbenprächtiger Geschenke für sein Haus – Toilettenartikel, Handtücher, Bettwäsche, Küchengeräte. In dem Moment, als wir die Sachen vor seiner Tür abstellten, wusste ich bereits, dass sie nicht in die schlichte Strenge seines Hauses passten. Schon am nächsten Tag hatte er jedes einzelne Teil verschenkt.

Poonjaji sagte oft: »Alles ist unser eigenes Selbst.« Diese Erkenntnis – von Selbst zu Selbst – ist unsere beste Hoffnung für unser Überleben. Wenn wir das erkennen, kümmern wir uns auch um unsere Welt und ihre Bewohner, nicht aus einer Ideologie heraus, sondern aus Liebe.

Erwachte Sinnlichkeit

> *»Feels like lightning running through my veins ...«*
> *(Fühlt sich an wie Blitze, die durch meine Adern zucken ...)*
>
> DAVID GREY: »Feels Like Lightning«, aus dem Album *White Ladder*

In wachem Bewusstsein leben wir in einem göttlichen Zustand unserer Sinne. Wir riechen, schmecken, hören, sehen und fühlen sehr viel intensiver, weil unser Bewusstsein nicht durch zwanghaftes Denken überlastet wird und deshalb alle körperlichen und emotionalen Empfindungen frei und vollständig erleben kann. Auch wenn weiterhin Gedanken auftauchen, sind wir nicht mehr auf sie fixiert, und unsere Aufmerksamkeit kann sich auf die reiche Vielfalt von Empfindungen richten, die das Leben zu bieten hat. Unsere sinnliche Wahrnehmung wird in einem erwachten Zustand intensiver und immer verfeinerter.

Diese Art von sinnlichem Erleben unterscheidet sich von dem unersättlichen Anklammern an die Welt der Sinnesfreuden, das wir in unseren Vorstellungen manchmal mit Sinnlichkeit verwechseln. Was wir oft als vermeintliches sinnliches Vergnügen anstreben, ist nur der Versuch, dem Lärm sorgenvoller Gedanken zu entkommen, wobei manche auch auf rücksichtslose und verzweifelte Weise darum bemüht sind, ihre Aufmerksamkeit von gedanklichen Projektionen und deprimierenden Geschichten abzulenken.

Bei einer Zugfahrt vom Land zurück nach London saß ich eines Tages einem jungen Mann gegenüber, der Stereokopfhörer trug. Der eigentlich nur für seine Ohren bestimmte Lärm war so groß, dass jeder im Wagen ihn hören konnte, ein kreischendes Geräusch, als hätte man einen Zahnarztbohrer direkt neben dem Ohr. Ich fragte mich, ob der junge Mann vielleicht halb taub war. Als er dann auf seinem Handy telefonierte, bemerkte ich, dass er ganz normal hören konnte, befürchtete jedoch, das würde nicht mehr lange so bleiben. Als Nächstes fragte ich mich, welche Gedanken der arme Kerl in seinem Kopf zu übertönen versuchte, indem er sich mit einer solchen Lautstärke zudröhnte.

Wenn es in unserem Innern sehr laut zugeht, brauchen wir ein äußeres Gegengewicht, um uns von dem inneren

Aufruhr abzulenken, und oft suchen wir dieses Gegengewicht über unsere Sinneswahrnehmungen. Wenn sowohl das innere als auch das äußere Getöse stärker wird, wächst die Desensibilisierung noch weiter, und wir brauchen dann ein noch intensiveres Sperrfeuer von Sinneswahrnehmungen, um uns zu vergessen. Wir können die Effekte der Desensibilisierung darin erkennen, in welchem Ausmaß unsere Kultur der Gewalt in Filmen, Popmusik und Fernsehsendungen huldigt, riskante Formen von Sex praktiziert und süchtig nach Geschwindigkeit und Rauschmitteln ist. Wir sehen, wie unsere jungen Frauen ihre echte Sinnlichkeit mit zwanghaftem Streben nach Ruhm, immer neuen Diäten, Drogen und oberflächlichem Sex ersetzen. Wir sehen, wie unsere jungen Männer nach Gewalt in Videospielen, im Sport und in den Medien gieren. All das sind Zeichen für ein Absterben der Sensibilität, eine Auflösung der Beziehung zum Leben selbst.

Im Zustand des erwachten Bewusstseins feiert man dagegen die subtilen sinnlichen Wahrnehmungen und weiß die Dinge des Lebens sehr viel mehr zu genießen. Wenn wir entspannt und ruhig sind, können wir jedes sinnliche Vergnügen intensiver wahrnehmen und brauchen dafür gleichzeitig sehr viel weniger Anreize. Mit anderen Worten: Weniger ist dann mehr.

Das ist vor allem bei den Schweige-Retreats zu merken. Wenn sich Menschen in ein schlichtes Dasein hinein entspannen – man *existiert* einfach, ohne dieses oder jenes zu brauchen –, dann ist das wie ein Erwachen von den Toten in eine üppige Welt sinnlicher Wahrnehmungen. Oft sagen die Leute dann, dass ihnen das Essen nie so gut geschmeckt hat. Sie bemerken vielleicht, dass ein verbesserter Geruchssinn Gefühle und Erinnerungen aus der Kindheit weckt, oder wie Farben plötzlich bemerkenswert lebendig wirken. Konnte ein Blatt früher je so *grün* gewesen sein?

Das einfachste Vergnügen erfüllt unser Herz mit großer Freude. Einmal saß ich während eines Retreats schweigend mit einer Gruppe von Teilnehmern auf der Veranda, und wir beobachteten, wie zwei Frauen in mittleren Jahren, die ebenfalls am Retreat teilnahmen, sich vorne auf dem Rasen fast eine Stunde lang abwechselnd gegenseitig auf der Schaukel anstießen. Zurückgelehnt, die Zehen himmelwärts gerichtet und das Gesicht der Sonne zugewandt, schaukelten sie höher und höher und kicherten dabei gelegentlich still vor sich hin. Ohne dass die Frauen es bemerkten, nahmen die Beobachter auf der Veranda an ihrer Lebensfreude teil, wobei sie verschwörerisch lächelten und sich gegenseitig zublinzelten.

Aber wir brauchen nicht unbedingt ein Schweige-Retreat, um unsere sinnliche Wahrnehmung zu schärfen. Wir können unserem Bewusstsein die nötige Gelassenheit und Stille gönnen, ganz gleich, was um uns herum geschieht. Das Bewusstsein wird dann auf natürliche Weise wach sein und auf die Umgebung reagieren. In jedem Augenblick können wir direkt erleben, wie uns die Welt berührt – Luft berührt unsere Haut, Licht berührt unsere Augen, Klang berührt unsere Ohren. Inmitten einer Menschenmenge ergreift ein Freund oder Geliebter unsere Hand, und Tausende von Signalen laufen durch unser Nervensystem. Im wachen Bewusstsein des Augenblicks erleben wir die Intensität dieser Signale »wie Blitze, die durch unsere Adern zucken«. Sind wir dagegen in Gedanken verloren, dann bemerken wir sie kaum. Das erwachte Bewusstsein verleiht auch unserer Sexualität ein Gefühl von Ganzheitlichkeit, eine mystische Erfahrung, die jedem offen steht – »des kleinen Mannes Geschmack von Gott«, wie der Schriftsteller Georg Feuerstein es einmal ausgedrückt hat.

Im erwachten Bewusstsein bewohnen wir unseren Körper, verlassen uns auf unsere Instinkte, bewegen uns durch die Welt als »erleuchtete« Tiere, haben alle unsere Sinnespforten weit geöffnet und verstehen zugleich, wo unser Platz in dieser Welt ist. Dann erleben wir das aufregende Gefühl der Verbundenheit, und vielleicht kommt uns der Gedanke: »Das ist endlich das Leben.«

In dem Maße, in dem unsere Sinne sich schärfen, werden unsere Reaktionen auf andere Lebewesen einfühlsamer. Bei einem unserer Retreats beschrieb ein Mann namens Mick vor einigen Jahren, was er in einem Zustand erwachter Sensibilität mit einem Kolibri erlebt hatte. Während er in seinem Haus im Wald arbeitete, bemerkte er, dass ein Kolibri durch die offene Tür hereingeflogen war und jetzt nicht mehr herausfand. Bei seiner vergeblichen Suche nach einem Ausweg stieß er immer wieder gegen das Oberlicht. Mick öffnete die Fenster, aber der Vogel fand sie nicht. Nach einiger Zeit wirkte er völlig verzweifelt.

Mick stand ganz still, während er den Vogel beobachtete,

denn er wollte ihn nicht noch weiter ängstigen. Da plötzlich flog ihm der Vogel dicht vor das Gesicht und flatterte dort einige Sekunden auf der Stelle – die beiden Geschöpfe, Mensch und Vogel, sahen sich einfach an. Als Mick ganz langsam seinen Zeigefinger hob, ließ sich der Vogel darauf nieder, ein zarter Hauch der Berührung. Nun ging Mick behutsam quer durch den Raum und zur Tür hinaus, ganz in entspannter Harmonie mit dem kleinen Wesen auf seinem Finger. Als sie draußen waren, streichelte der Kolibri Micks Finger mehrmals mit seinem Schnabel, bevor er wegflog.

Stille Würde

Egal in welcher Situation wir uns befinden, Würde ist der einzige Schatz, den uns niemand rauben kann. Selbst wenn wir alles verloren haben, fühlen wir uns mit ihr immer noch wie ein Berg. Ohne sie fühlen wir uns wie ein Kieselstein, sogar im größten materiellen Reichtum. Denken wir einmal an die Würde des römischen Philosophen Boethius während seiner Kerkerhaft als politischer Gefangener im Jahre 524. Als er während seines letzten Lebensjahres als verurteilter Verräter Folter und Tod erwartete, verfasste er eins der großen philosophischen Werke der Geschichte, *Der Trost der Philosophie*. Darin sagte er: »Die einzige Weise, wie die Menschen Macht übereinander ausüben können, besteht in körperlicher Gewalt, und was noch niedriger ist, im Anhäufen von Besitz. Einen freien Geist kann man zu nichts zwingen, und einen Geist, der im Frieden mit sich selbst ist, kann man nicht aus seinem Zustand innerer Ruhe bringen.«

Wir können auch an Gandhi denken, wie er ungefähr 1400 Jahre später mit einem schlichten Lendenschurz bekleidet in seiner kahlen indischen Gefängniszelle saß, die Verkörperung des wahren Adels. Seine Würde hatte nichts mit vermeintlichem Stolz zu tun, sondern mit der Bereitschaft, sowohl Fairness als auch Freundlichkeit ohne jeden Kompromiss zu leben. An seinem Beispiel erkennen wir auch, dass der Wille, die Würde anderer Menschen zu sehen, diese gelegentlich veranlassen kann, sich ihrerseits würdiger zu verhalten. Nach einem dreimonatigen Aufenthalt in England, wo er über die indische Unabhängigkeit verhandelte (die erst 16 Jahre später kommen sollte), sagte Gandhi: »Ich bin mehr denn je überzeugt, dass die menschliche Natur weitgehend die gleiche ist, egal in welchem Klima sie gedeiht, und dass die Menschen, würde man ihnen Vertrauen und Zuneigung entgegenbringen, das Vertrauen zehnfach und die Zuneigung tausendfach entgelten würden.«

Würde geht aus Selbstrespekt und der Gewohnheit hervor, andere mit entsprechendem Respekt zu behandeln. In den meisten Fällen bleibt sie anonym, denn sie hat nicht das Bedürfnis, auf sich aufmerksam zu machen. Vor einigen Jahren habe ich mich mit Tom angefreundet, dem Vater eines unserer irischen Teilnehmer der Dharma-Dialoge. Weil er im Allgemeinen ein stiller Mann ist, dauerte es eine Weile, bevor ich seine wunderbaren Einsichten zu fast jedem Thema, über das wir sprachen, zu schätzen lernte. Mir fiel auch auf, wie sorgfältig er jedem zuhörte, egal ob Kindern oder Erwachsenen. Tom ist inzwischen über neunzig Jahre alt und lebt dort, wo er immer gelebt hat, ein oder zwei Meilen entfernt vom Shannon River in einer ländlichen Gegend Irlands. Er hat diese Gegend nur selten verlassen, aber sein Leben war reich an allen guten Dingen, die das Dasein zu bieten hat – Familie, Nachbarschaft und eine enge Beziehung zu dem Land, das er über sieben Jahrzehnte als Bauer bearbeitet hat. Vital und lebendig, mit einem irischen Zwinkern in seinen Augen, geht er am Samstagabend immer noch zum Tanz ins Gemeindehaus, und manchmal kommt er erst nach Mitternacht wieder heim.

Wenn Tom im Raum ist, spüre ich etwas, das ich mit den Werten der alten Welt verbinde, mit einer Zeit, als die Leute noch nicht nach ihrem materiellen Besitz beurteilt wurden, sondern nach der Qualität und Würde ihres Lebens in der Gemeinschaft. Toms Beispiel erinnert mich an ein Gedicht des chinesischen Philosophen Chuang Tse mit dem Titel »Als das Leben noch vollständig war, gab es keine Geschichte«. Wahrscheinlich haben die meisten großen Menschen, die auf dieser Erde existiert haben, keine Geschichte gemacht. Über ihr sanftes, einfaches Leben wurde nicht berichtet.

Würde zeigt sich auch in Situationen, die wir oberflächlich betrachtet für demütigend halten könnten. Wir sehen eine ungewöhnliche Würde manchmal in sehr alten oder kranken Menschen verkörpert, die jede physische Bewegungsfreiheit verloren haben und ähnlich wie kleine Kinder von der Hilfe anderer abhängig sind, aber doch eine Charakterstärke zeigen, welche ihre körperlichen Kräfte bei weitem übersteigt.

Wir sehen manchmal sogar Würde unter Umständen, die bei oberflächlicher Betrachtung Mitleid erregend sind. Vor vielen Jahren verbrachte ich mit zwei Freunden einen Nachmittag in einem Lepradorf in Indien, wo sich die Leute mit handwerklichen Tätigkeiten ihren Lebensunterhalt verdienten. Was mich am meisten beeindruckte, war die Normalität, die ich in dieser Gemeinschaft empfand. Die Leute gingen ihren verschiedenen Tätigkeiten nach, arbeiteten an den diversen Projekten, die auf dem Gelände durchgeführt wurden, und man hörte sie überall reden und lachen. Mich faszinierte eine junge Frau, die vielleicht zwanzig Jahre alt sein mochte – schön wie ein Filmstar –, der sämtliche Finger fehlten und die doch eine freudige Lebendigkeit ausstrahlte. Am Ende des Tages fragten wir die Leute, ob wir ein Gruppenbild von ihnen machen dürften. Voller Begeisterung versammelten sich alle, wirbelten durcheinander und vertauschten ihre Arbeitskleidung mit dem Sonntagsstaat. Ich behielt die schöne junge Frau im Auge, während sie mit ihren Handflächen das lange dunkle Haar ordnete. Als die Aufnahme gemacht werden sollte, versteckte sie ihre Hände sorgfältig hinter dem Rücken, und über ihr Gesicht strahlte ein Lächeln, das den Himmel erhellte.

Heiliger Boden

> *»Diese Erde, auf der wir stehen, ist das reine Lotusland,*
> *und dieser unser Körper ist der Körper des Budhha.«*
>
> HAKUIN: *Zazen Wasan* (Lied des Zazen)

Oft ist von heiligen Orten die Rede. Bei manchen handelt es sich um Berge wie etwa den Berg Kailash in Tibet oder den Arunachala in Südindien. An anderen stehen Schreine oder Tempel, manche sind Wüstengebiete. Aber was macht diese Orte eigentlich heilig? Ist es die Tatsache, dass Menschen aus einer anderen Zeit sie dazu erklärt haben und Gläubige sie seit Jahrhunderten verehren? Hängt es vielleicht damit zusammen, dass das Sonnenlicht einen bestimmten Berghang auf ungewöhnliche Weise beleuchtet oder dass jemand dort einmal geheilt wurde? Oder sind es unsere eigene reine Lebendigkeit und unsere Bereitschaft, diese lebendige Präsenz in allem leuchten zu sehen, die jeden Flecken Erde heilig machen?

1977 war ich in Kalkutta, um dort meine erste Lehrerin, Dipa-ma, zu besuchen. Ich beschäftigte mich damals mit den Lehren des Buddhismus und hatte zahlreiche Geschichten über Dipa-ma und die Schwierigkeiten, die sie in ihrem Leben überwunden hatte, gehört. Vor vielen Jahren hatte sie innerhalb eines kurzen Zeitraums zwei ihrer drei Kinder und ihren geliebten Ehemann verloren. Sie wurde schwer herzkrank, und weil ihr Arzt befürchtete, sie könne an einem »gebrochenen Herzen« sterben, riet er ihr, sie solle in einem der vielen buddhistischen Zentren in Burma meditieren lernen. Voller Trauer begab sie sich in das Kloster, und nach einiger Zeit der Meditation fand sie zur Klarheit. Ihre Verluste hatten sich in Mitgefühl verwandelt, und sie wusste nun, dass ihr Bewusstsein in reiner lebendiger Gegenwart ruhen konnte, dem einzigen wahren Zufluchtsort. Sie kehrte in ihre Heimatstadt Kalkutta zurück, wo sie den Rest ihres Lebens verbrachte, viel mit ihrer Tochter und ihrem Enkelkind zusammen war und gelegentlich Schüler empfing, die sie besuchen kamen.

Die Wohnung von Dipa-ma lag im zweiten Stock eines Hauses, das in einer engen, häufig überschwemmten Gasse stand. Um dorthin zu gelangen, musste man manchmal durch fast knöcheltiefes Wasser waten und sich dabei vor den großen Ratten in Acht nehmen, für die Kalkutta berüchtigt ist. Das Gebäude selbst war aus rohem Beton, verwahrlost und altersschwach, aber ohne den Charme, den alte Häuser bisweilen haben können. Wenn man die Treppen hinaufging, beleidigten alle möglichen Gerüche die Sinne, und der Lärm aus den verschiedenen Wohnungen und von der Straße erzeugte eine Atmosphäre von Jahrmarkt und Chaos.

Die Wohnung von Dipa-ma bestand aus einem einzigen Zimmer, weiß gestrichen und etwa von der Größe eines geräumigen Badezimmers. Darin befanden sich ein Schreibtisch, ein paar Stühle, ein Bett und eine kleine Kochstelle. Dipa-ma trug stets einen einfachen weißen Sari und sah älter aus, als sie war. In der liebevollen Gegenwart dieser sehr stillen Frau blieb wenig zu sagen, und so saßen wir oft schweigend in ihrer schlichten Behausung. Während dieser Zeiten empfand ich den Lärm von draußen als den angenehmsten Klang und fühlte mich rundum wohl. Irgendwann bot Dipa-ma schließlich Tee und Süßigkeiten an, und wir sprachen über Dharma-Themen.

Das alles ist jetzt 25 Jahre her, und meine Erinnerungen an unsere Gespräche sind längst verblasst. Aber was mir im Laufe der Zeit immer stärker im Gedächtnis blieb, ist das Licht, das ich in ihrer Gegenwart empfand, obwohl es sich dabei nicht um ein visuelles Erlebnis handelte. Es war das Leuchten des Daseins. Die reine Lebendigkeit, die sie verkörperte, und das Mitgefühl, das sie ausstrahlte, erzeugten ein Gefühl von Heiligkeit, das nach meiner Erfahrung von keiner Kathedrale erreicht wird. Wenn ich Dipa-ma nach einem solchen Besuch verließ, ging ich durch die Straßen von Kalkutta zu meinem Hotel zurück, und mit jedem Schritt befand ich mich auf heiligem Boden.

Großzügigkeit

Mitte der Siebzigerjahre, als man nur ein Visum für sieben Tage bekam, war ich zum ersten Mal in Burma. Das Land war damals so geheimnisvoll und isoliert, wie es bis heute geblieben ist. Aber anders als heute war es damals noch sehr friedlich, ein Märchenland der alten weißen Tempel inmitten einer üppig grünen Landschaft. Die Hauptstadt Rangoon war eine Mischung aus antiken Kostbarkeiten und heutigem Verfall. Jahrtausende alte goldene Pagoden funkelten zwischen Straßen, in denen Gelassenheit herrschte; Ochsenkarren und Fahrzeuge aus den Fünfzigerjahren zogen gemächlich an kleinen Geschäften vorüber. Für Besucher aus dem Westen gab es damals nur ein einziges anständiges Hotel, »The Strand«, ein heruntergekommenes Gebäude im Kolonialstil, das noch aus der Zeit des britischen Empire stammte.

Unsere Gruppe von zwölf Freunden war nach Rangoon gekommen, um Mahasi Sayadaw zu treffen, den Leiter der buddhistischen *Sattipathana-Vipassana*-(Einsichts-)Tradition, deren Schüler wir alle waren. Bei unserer Ankunft stellten wir jedoch fest, dass sich Mahasi zu seinem Waldkloster in den abgelegenen Bergen Burmas begeben hatte. Entschlossen, ihn zu treffen, flog unsere Gruppe am nächsten Tag nach Mandalay und mietete einen Lastwagen, der uns den Rest des Weges zu dem verlassenen Dorf fahren sollte, wo der Meister sich angeblich aufhielt. Die Reise dauerte hin und zurück jeweils fast zwanzig Stunden, kostbare Zeit, wenn das Visum nur für eine Woche reicht.

Das Kloster war vom 20. Jahrhundert fast unberührt geblieben. Während der zwei Tage, die wir uns dort aufhielten, wohnten wir in primitiven, strohgedeckten Hütten, in denen Moskitonetze die einzige Konzession an moderne Annehmlichkeiten darstellten. Wir hatten mehrere Lehrgespräche mit Mahasi Sayadew und genossen ansonsten die Stille des Retreat-Zentrums. Vollkommen entzückt war ich jedoch von den jungen Mädchen, die uns in den Frauenräumen des Klosters umschwärmten. Sie hatten noch nie zuvor Menschen aus dem Westen gesehen und waren fasziniert von unserer weißen Haut und den blonden Haaren, die einige Mitglieder unserer Gruppe hatten. Wo immer wir uns gerade aufhielten, berührten kleine Hände verstohlen unsere Haut und unser Haar.

Obwohl ich von so weit her gekommen war, um die Lehren eines berühmten Meditationsmeisters zu empfangen, erhielt ich die wichtigste Lehre dieser Reise aus einer unerwarteten Quelle, denn es waren die jungen Mädchen, die mir eine unvergessliche Lektion erteilten. Als wir uns zur Abreise wieder in den Lastwagen quetschten, kamen einige der Mädchen, die in den Frauenquartieren für uns gesorgt hatten, angerannt und gaben jeder Frau aus unserer Gruppe ein kleines Päckchen. Diese Päckchen enthielten mehrere Watteballe, die mit teurem westlichem Parfüm getränkt waren.

Damals war Parfüm sogar in Rangoon sehr teuer und schwer zu bekommen, und keines der Mädchen war je dort gewesen. Wie selten und kostbar musste Parfüm erst hier in diesem kleinen, entlegenen Dorf sein. Es hätte genauso gut von einem anderen Stern kommen können. Die burmesischen Mädchen hatten uns das geschenkt, was vermutlich ihr größter Besitz war.

Unser Lastwagen setzte sich in Bewegung, und sie standen lächelnd da, während wir ihnen zuwinkten und dabei an den parfümierten Wattebällen schnupperten. Und in ihren leuchtenden Augen sah ich den Schimmer der Heiligkeit. Kein Geschenk in meinem Leben hatte je einen solchen Wert. Denn der naturgemäße Wert eines Geschenkes ist nicht die Gabe selbst, sondern das Herz des Schenkenden.

Der Buddha hat von den drei Arten des Gebens gesprochen: kümmerlich geben, freundlich geben und königlich geben. Kümmerlich geben wir, wenn wir etwas verschenken, was wir nicht wirklich brauchen, niemals vermissen werden und sonst wahrscheinlich weggeworfen hätten. Freundlich geben wir, wenn wir etwas verschenken, was wir selbst brauchen und was uns gefällt – nicht unbedingt unser bestes Stück, aber ein Geschenk, das wir uns leisten können und worüber wir uns selbst freuen würden, wenn wir es bekämen. Königlich zu geben hat jedoch eine völlig andere Qualität: Hier geben wir das Beste, was wir haben, geben mehr, als wir für uns selbst behalten, mehr als wir uns scheinbar leisten können, und wir geben, ohne etwas zurück zu erwarten. Im erwachten Bewusstsein geben wir, weil unsere Freude an der Großzügigkeit die armselige Befriedigung des Hortens und Demonstrierens von Reichtum bei weitem übersteigt. Wir geben, weil dieses Leben selbst ein Geschenk ist und vollkommen aufgebraucht werden will, seinen Duft für jeden verströmen will, der in seine Nähe kommt.

Die erwachte Beziehung

»Einssein und Anderssein. Es ist unmöglich, zu sprechen oder zu denken, ohne beides zu umarmen.«

RALPH WALDO EMERSON

Ein mächtiger Mythos in unserer Kultur behauptet, das Glück liege in der romantischen Liebe. Während wir aufwachsen, hören wir Lieder, sehen Filme und lesen Bücher, in denen sich alles darum dreht, Liebe zu finden, zu bewahren oder zu verlieren. Wir träumen, dass es irgendwo den einen gibt – unseren Seelengefährten –, der uns Erfüllung und dauerhaftes Glück bringen wird.

Viele Jahre lang hat die romantische Liebe meine Gedanken beherrscht. Schon als Zehnjährige war ich fixiert auf Gedanken von Romantik und Sex in einer heimlichen Fantasiewelt, die ich heute als Sehnsucht nach Zugehörigkeit erkenne. Die Erfüllung dieses Verlangens suchte ich in überwiegend tragischen Beziehungen, die dem Schmerz meiner Kindheit verdächtig ähnelten. Unwiderstehlich wurde ich von Menschen angezogen, die den emotionalen Missbrauch, den ich als Kind erlitten hatte, wiederholten. Vielleicht war das ein Versuch, all die Trauer aufzulösen, indem ich diese Situationen immer wieder durchspielte, um sie am Ende angemessen zu bewältigen. Oder es war die Kraft, die uns immer wieder in vertraute Beziehungsmuster zieht, egal wie ungesund sie sein mögen. Obwohl viele dieser Beziehungen äußerst leidenschaftlich waren, lernte ich schließlich, dass »animalischer Magnetismus« nicht das hielt, was er versprach.

Einerseits kann uns die Hoffnung, den Schmerz der Kindheit aufzulösen, in Beziehungen treiben, aber andererseits suchen wir manchmal auch nach einem Partner, weil wir uns allein nicht vollständig fühlen. Wir spüren eine innere Leere, die wir verzweifelt zu füllen suchen. Irgendetwas fehlt; es muss unsere andere Hälfte sein. Konsequenterweise basieren viele Beziehungen auf der Vorstellung, dass zwei Hälften ein Ganzes bilden. Die beiden werden so abhängig voneinander, dass beim Tod des einen der trauernde Partner oft innerhalb von sechs Monaten nach dem Verlust seiner »anderen Hälfte« ebenfalls stirbt. Man könnte sagen, das eine solche Bindung ihre eigene Schönheit hat. Viele Geschichten über trauernde Partner, die »an gebrochenem Herzen gestorben sind«, haben mich im Laufe der Jahre tief beeindruckt, nicht nur bei Menschen, sondern auch bei Walen, Hunden und anderen Tieren. Aber diese Art von Bindung hat auch ihre Grenzen. Es ist so, als würden zwei Bäume in einem Wald gemeinsam umstürzen, weil sie sich gegenseitig gehalten haben und keiner von ihnen allein zu stehen vermag. Wenn einer stürzt, fällt der andere auch. Mikhail Naimy, Freund und Biograf von Kahlil Gibran, hat geschrieben: »Die Liebe, die sich ausschließlich einem Teil des Ganzen zuwendet, verurteilt sich selbst zur Trauer.«

Diese Art von Abhängigkeit kann auch kleinliche Gedanken und Empfindungen schüren. Eifersucht, Ärger und Manipulation gedeihen in abhängigen Beziehungen.

Solche Beziehungen sind eine Art Geschäftsvereinbarung nach dem Motto: »Ich werde dich lieben, wenn dabei für mich etwas herausspringt« oder: »Ich werde dich lieben, wenn wir unser gemeinsames Leben so gestalten können, dass es für mich funktioniert.« Noch bedrückender ist die Situation für viele Paare, wenn sie Jahr um Jahr wie freundliche Fremde zusammenleben, ein Zustand, den nur die Angst vor der Einsamkeit ermöglicht, wobei völlig übersehen wird, wie einsam ein solches Leben in Wirklichkeit ist. Diese Menschen leben als Schatten ihrer selbst, geben sich in ihrer Partnerschaft mit dem kleinsten gemeinsamen Nenner zufrieden, und keiner von beiden ist dabei fähig, sich kreativ auszudrücken oder irgendeine Leidenschaft für das Leben zu empfinden.

Eine Beziehung, die Menschen im Zustand des erwachten Bewusstseins eingehen, ist völlig anders, denn sie wird nicht aus Schmerz, Abhängigkeit oder Furcht vor Einsamkeit geboren, sondern sie ist das Resultat einer Feier des Lebens. Im erwachten Bewusstsein versteht man, dass jeder Mensch, obwohl wir alle aus einer einzigen Quelle hervorgegangen sind, vollkommen allein ist. Das ist das Paradox des Daseins: Keine zwei Menschen sind gleich, und doch sind wir alle eins. Was wir vorher vielleicht als Leere empfunden haben, die nach Erfüllung verlangte, empfinden wir jetzt als Offenheit, die alles willkommen heißt, aber ansonsten das weite Gefühl des freien Raums genießt. Wenn man zu diesem Verständnis gefunden hat, lebt man in der vollen Autonomie der Ganzheit. Unsere Beziehungen sind dann vor allem von Wertschätzung durchdrungen. Wir spüren, wie wir mit einem bestimmten Partner oder Freund wie zwei Ströme fließen, die manchmal miteinander verschmelzen und sich dann wieder trennen und verschiedene Richtungen einschlagen. Keiner der beiden braucht die Existenz des jeweils anderen, um selbst ein Strom zu sein, aber wenn beide zusammenkommen, gibt es eine hoch aufschäumende Woge des Glücks, die einen kurzen Augenblick oder ein ganzes Leben andauern kann.

In einer wahrhaftigen und vertrauensvollen Partnerschaft ist Sexualität eine Möglichkeit, Zugang zum Ursprünglichen zu finden, einem Ort, wo die Wildnis hervorkommen und sich ausdrücken kann. Gleichzeitig ist sie ein sicherer Hafen für unsere zärtlichsten und sensibelsten Augenblicke. Bei einer erwachten Sexualität spielen die Partner mit den archetypischen Kräften des Universums – dem männlichen und dem weiblichen Prinzip. So wie sich beim Yin-Yang-Symbol in jedem Yang ein kleiner Yin-Punkt und in jedem Yin ein kleiner Yang-Punkt befindet, können die Partner die klassischen weiblichen und männlichen Rollen übernehmen und gelegentlich auch austauschen. Es ist eine Möglichkeit, das »Anderssein« zu verstehen, die über das Schlafzimmer hinausreicht, indem sie uns einen kurzen Blick in die Männlichkeit oder Weiblichkeit gewährt, die unser tägliches Leben prägt. Oft beobachten wir, wie zwei Menschen, die lange Zeit zusammengelebt haben, durch ihren gegenseitigen Einfluss in wunderbarer Weise sanfter oder stärker geworden sind. Die Frau verkörpert einen Teil der Männlichkeit ihres Partners in sich selbst, und der Mann übernimmt einen Teil ihrer Weiblichkeit und wird davon geprägt. Diese Prinzipien von Yin und Yang können auch bei homosexuellen Paaren wirken. Aber sogar wenn die Intimität zwischen zwei Menschen ihren Gipfel erreicht, bleibt immer das Mysterium des *Anderen*.

Letzten Endes müssen wir jedoch erkennen, dass alles, was wir als *anders* bezeichnen, als Teil des Ganzen existiert. Im Zustand der Ganzheit können wir darüber nachdenken, was am besten für die Menschen ist, die wir lieben, ohne uns darüber zu sorgen: Wie wirkt sich das alles auf *mich* aus? Weil wir genießen, was kommt, und loslassen können, was geht, haben wir immer weniger den Wunsch, dass die Dinge sich auf eine bestimmte Weise entwickeln sollten. Wir teilen die Freude eines anderen Menschen und treten für sein Recht ein, seinen eigenen Weg zu gehen, wohin er auch führen mag, mit uns oder ohne uns. Es ist wie bei einer liebenden Mutter, die Tränen in den Augen hat, wenn ihr Sohn aufs College geht und das Nest verlässt, aber gleichzeitig sein Flüggewerden feiert und voller Begeisterung von den Möglichkeiten träumt, die ihm offen stehen. Dieselbe Begeisterung können wir in unsere Beziehungen einbringen, egal was daraus wird, wenn wir in Freiheit lieben.

Natürlicher Tod

> *»Erde zu Erde, Asche zu Asche, Staub zu Staub …«*
>
> Das Buch der Prediger

1976 war ich zum ersten Mal in Indien; ich war mit zwei Freunden auf dem Landweg über Europa gekommen, eine beschwerliche Reise von mehreren Monaten mit Aufenthalten in der Türkei, dem Iran, Afghanistan und Pakistan. Als wir schließlich in Indien ankamen, hatten wir uns auf die relativ freundlichen Menschen dieser vorwiegend hinduistisch geprägten Kultur eingestellt und konnten es kaum erwarten, mehr über ihre Sitten und Gebräuche zu erfahren.

Wir begaben uns nach Benares, der heiligen Stadt der Hindus, die berühmt für ihre Verbrennungsstätten ist. Für die Hindus ist Benares der beste Platz, um den Körper eines Verstorbenen zu verbrennen und seine Asche in den Ganges zu streuen. An unserem ersten Abend dort gingen wir hinunter zum Hauptverbrennungsplatz am Ufer des Ganges, wobei wir die ganze Zeit die eindringlichen melodischen Gesänge der indischen Sargträger hörten, während sie die Leichen zu den Scheiterhaufen trugen.

Als wir am Hauptverbrennungsplatz ankamen, wurden dort gerade acht Leichen verbrannt. Einige weitere lagen in der Nähe bereit, manche davon in wunderschöne Saris, andere nur in schlichte Baumwolltücher gehüllt. Alle Zuschauer schwiegen, und so hörte man nur die Gesänge, das

Prasseln des Feuers und das Rauschen des Flusses. Während ich die Szene vor meinen Augen in mich aufnahm, merkte ich, wie sich in meinem Inneren eine irreversible Veränderung vollzog, ohne die ich diese Eindrücke nicht hätte verarbeiten können. Aber meine Gedanken wurden unterbrochen, als ein Inder in einem schäbigen Anzug meinen Arm berührte und fragte: »Sind Sie hier, um die Verbrennungen anzusehen?«

Da ich genau das in diesem Moment getan hatte, als er mich unterbrach, schien die Frage unsinnig, und ich ärgerte mich über seine Aufdringlichkeit. Im Verlauf der mehrmonatigen Reise hatte ich zudem allmählich die Geduld verloren, wenn Männer mich als Frau aus dem Westen immer wieder mit irgendwelchen Tricks in ein Gespräch zu verwickeln suchten. »Ja«, gab ich kurz angebunden zurück, worauf der Mann freundlich nickte und nichts mehr sagte.

Als ich mich wieder den Scheiterhaufen zuwandte, schmerzte mich jedoch selbst der Stachel meiner Unhöflichkeit. Hier, im Angesicht des Todes, schienen kleinliche Irritationen besonders absurd. Mit einer versöhnlichen Geste drehte ich mich wieder zu dem Mann in dem schäbigen Anzug um. Und da mir nichts Besseres einfiel, stellte ich ihm dieselbe Frage: »Sind Sie auch hier, um die Verbrennungen anzusehen?«

»Ja, dort in der Mitte, das ist meine Mutter«, antwortete er in einem freundlichen, sachlichen Ton. »Sie ist heute Morgen in unserem Dorf gestorben, und ihre letzten Worte, die sie mir ins Ohr geflüstert hat, waren: ›Bring meine Leiche nach Benares.‹ Also habe ich mir von meinem Vetter ein Auto geliehen und bin den ganzen Tag gefahren, um sie hierher zu bringen.«

Ich war erschüttert und schaffte es, ihm noch einige freundliche Worte zu sagen, sorgsam darauf bedacht, dass unser Gespräch unter diesen Umständen nicht zu lange dauerte, aber gleichzeitig aus dem Bedürfnis heraus, den Mann mit ein wenig menschlicher Nähe zu trösten, auch wenn ich für ihn nur eine Fremde war. Nach kurzer Zeit wandten wir uns beide wieder dem Feuer zu, und meine Aufmerksamkeit wurde von dem brennenden Körper in der Mitte angezogen, der Mutter des Mannes. Die tiefen Überlegungen, die ich über den Tod angestellt hatte, über die Vergänglichkeit aller Phänomene und die Kostbarkeit des Lebens, nahmen eine persönlichere Form an. Die Frau, deren Leiche dort vor meinen Augen verbrannte, war Ehefrau gewesen, Mutter und Tochter. Ihre Träume und Geschichten hätten vielleicht eine Bibliothek füllen können, so einfach ihr Leben auch gewirkt haben mochte. Aber am Ende würden die Erde und der Wind sie zurückfordern – Asche zu Asche, Staub zu Staub. Und schon nach kurzer Zeit würde sich niemand mehr an ihren Namen erinnern.

Als ich an diesem Abend den Verbrennungsplatz verließ, hatte ich zum ersten Mal in meinem Leben ein organisches Gespür für den Tod. Ich konnte die natürliche Notwendigkeit anerkennen, dass Geburt, Dasein und Tod zum Strom des Lebens gehören, um wieder Platz für neues Leben zu schaffen, das ebenfalls durch den Kreislauf der Existenz strömt. Geburt und Tod sind nichts weiter als kurze Augenblicke in diesem Kreislauf, zwei Endpunkte im Spektrum des Daseins, das seinen Platz in einem größeren Ganzen hat. Und doch ist der Ausdruck eines jeden Lebens so einzigartig – eine kosmische Geschichte, die nur ein einziges Mal geflüstert wird. Alles, was uns bleibt, ist, sie vollständig zu leben.

Echtheit

Die Sonne stand hoch über ihr. Sie erspähte eine Stelle stromaufwärts, wo der Fluss ein Becken bildete. Da sie wieder durstig war, ging sie dorthin, um zu trinken und ihr Gesicht abzukühlen. Als sie sich mit hohlen Händen über das Wasser beugte, sah sie, wie klar es war. Sie konnte Farne erkennen, die aus derTiefe wuchsen und um die herum kleine Fische schwammen. Im Wasser wirkten sie auf magische Weise viel größer und bunter. Darüber schwebte auf der Wasseroberfläche ihr Spiegelbild.

Schon lange hatte sie ihr eigenes Gesicht nicht mehr wirklich betrachtet. Zwar hatte sie häufig in Spiegel und andere reflektierende Oberflächen geschaut, aber stets war der Anblick ihres Gesichtes von einer Geschichte begleitet gewesen. Diese Geschichte war ganz und gar aus ihrer Einbildung hervorgegangen und hatte wenig mit der gegenwärtigen Realität zu tun. Gleichwohl war ihre Aufmerksamkeit meist auf dieses Drama gerichtet gewesen, und ihr Gesicht, das als Bild im Spiegel vor ihr schwebte, hatte der Geschichte ihre Dimensionen verliehen und die verschiedenen Aspekte reflektiert – Trauer, Reue, Verlangen.

Nun verstand sie, wie ihre innere Geschichte eine Maske erzeugt hatte, ein Antlitz, das sie der Welt präsentiert hatte, als sei sie die Hauptdarstellerin in einem Schauspiel. Die Welt ihrerseits hatte ihr immer wieder Situationen geboten, in denen sie ihre Rolle spielen konnte. Aber die Darstellerin war dabei einsam geblieben und für die Liebe schwer erreichbar.

Nun war sie nach einer langen Reise hier angekommen und erblickte im Wasser ein Gesicht, das sie an eine Zeit vor ihrer Suche erinnerte, ein Gesicht, das kindlich wirkte. Es trug keine Maske und hatte keine hinreißende Geschichte. In den Augen dieses Gesichtes war kein distanzierter, gehetzter oder gepeinigter Ausdruck. Sie erkannte, dass es schön sein würde, praktisch ohne eine Geschichte und ohne die Vorstellung von einem Hauptdarsteller zu leben. Seltsamerweise war sie mehr denn je sie selbst. Sie lächelte ihrem Spiegelbild im Wasser zu.

Zu Gold gebrannt

> *»Was Licht spenden soll, muss brennen können.«*
>
> VIKTOR FRANKL

Wenn wir ehrlich sind, betrachten wir unsere Erfolge als Geschenke des Daseins und empfinden dabei Demut. Wir wissen, dass solche Geschenke nicht unser Verdienst sind, sosehr andere uns vielleicht auch dafür loben. Der eine ist vielleicht ein großer Sänger, der andere ein toller Surfer, und ein Dritter leistet als Schuster hervorragende Arbeit.

Von außen betrachtet kann es so wirken, als hätten wir unsere Talente gewählt und kultiviert, aber innerlich weiß jeder von uns, dass wir nur deshalb begabt erscheinen, weil wir die *Nutznießer* einer Gabe sind. Eine Gabe kommt aus einer unbekannten Quelle. Das Wissen, dass unsere Talente einfach Gaben sind, die wir empfangen haben, bringt Authentizität und Demut in unser Tun. Es erlaubt uns auch, die Talente, die wir bei den Menschen in unserer Umgebung sehen, als Ausdruck derselben universellen Quelle anzuerkennen, und wir können nur über deren endlose Kreativität staunen. Wir sehen die vielfältigen Formen von Talent in jedem Menschen und haben teil an der Freude darüber. Unsere eigenen Talente und die Wertschätzung der Talente und Gaben anderer erinnern uns ständig an unser ursprüngliches Wesen, das von der universellen schöpferischen Kraft durchströmt wird. Je größer die Kreativität, desto mehr können wir die stille Authentizität des einfachen Daseins spüren, die Ruhe inmitten eines Stroms von kreativen Ausdrucksformen. Manchmal treffen wir bei talentierten Menschen auf eine tiefe und stille Demut. Ihr Bewusstsein ruht entspannt in ihrer wahren Natur und lebt in Dankbarkeit für die Gaben, die sie genießen. Dies sind wunderbare und glückliche Wege zur Authentizität.

Aber das Feuer des Leidens und der Verluste ist ein effektiver Helfer, wenn es darum geht, das herauszubringen, was unsere innerste Ursprünglichkeit ist. Wenn unsere Strategien nicht funktionieren und unsere Verluste sich mehren, werden wir in unsere innersten Tiefen gezwungen, wo es nur die Stille des Daseins gibt, unsere ursprüngliche wahre Natur. Im erwachten Bewusstsein wird diese innerste Tiefe zur letzten Zuflucht. Es ist wie bei einem Schmelzprozess, der das Gold aus dem Erz herauslöst. Alle Unreinheiten werden abgeschieden, und übrig bleibt nur das reine Gold. Auf ähnliche Weise kann das Leiden im Zustand des erwachten Bewusstseins alle Unreinheiten verbrennen, alles, was nicht echt und wahr ist, bis schließlich nur noch die reine leuchtende Essenz übrig bleibt.

Vor Jahren erlebte ich das schmerzliche Ende und den Verlust einer Beziehung, wodurch eine Reihe weiterer Verluste in meinem Leben ausgelöst wurden, sodass ich am Ende heimatlos, arbeitslos und fast ohne Geld dastand. Mehr noch, diese Phase von Verlusten löste in mir Erinnerungen an scheinbar jedes mit großer Trauer verbundene Ereignis seit meiner frühesten Kindheit aus. Jeder Gedanke an die Vergangenheit war mit Reue verknüpft, begleitet von Bildern verpasster Gelegenheiten, dem Empfinden, meine Zeit verschwendet zu haben, und einem Gefühl, dass ich in meinem Leben von Unglück verfolgt war. Sogar an schöne Zeiten dachte ich nur voller Trauer zurück, weil sie vergangen waren und weil ich sie damals so wenig zu würdigen gewusst hatte. Auf der anderen Seite lösten Gedanken an die Zukunft Furcht in mir aus und machten mir das Herz schwer, als wenn ich in einen endlosen Krieg ziehen müsste. Mir wurde klar, dass weder die Vergangenheit noch die Zukunft meinen Gedanken irgendwelche Sicherheit boten. Überall gab es nur Furcht erregende Geschichten über Dinge, die mir früher passiert waren oder demnächst passieren könnten.

Nur weil die Situation so extrem unangenehm war, nicht etwa durch heldenhafte Bemühungen meinerseits, ließ meine Gewohnheit, ständig über mich in der Vergangenheit oder in der Zukunft nachzudenken, allmählich nach. Erleichterung konnte ich nur im Bewusstsein des gegenwärtigen Augenblicks finden, wo alles im Grunde ganz in Ordnung war. Das mit den gedanklichen Vorstellungen verbundene Leiden brannte durch den Prozess des Leidens selbst aus. Es wurde zu einer glühend heißen Kohle, die man nicht länger in der Hand halten konnte. Das Bewusstsein hatte seine gesamte Arbeit erledigt. Es hatte durch Furcht, Jammern und Reue hindurchgesehen, weil es sich in die Gelassenheit des wahren Selbst verliebt hatte, seine ursprüngliche Natur, und es konnte die Verrücktheit nicht länger mitmachen.

In den Dharma-Dialogen vergleiche ich das mit dem Schwimmen in einem klaren Gebirgssee. Die Temperatur ist perfekt, das Wasser ist sauber und blau, so dass man bis auf den Grund sehen kann, und es riecht nach klarer Bergluft. Die Bäume um den See herum wiegen sich im Wind und erfüllen die Luft mit kühler grüner Frische. Stellen Sie sich nun vor, Sie hätten Ihr Leben lang immer in einem Schlammloch in Ihrer Wohngegend gebadet und nichts über den Gebirgssee gewusst. Das Schlammloch ist mit Giftstoffen verunreinigt und dunkel, voll von ekligen Krabbeltieren und Abfällen, und es riecht unangenehm. Aber die meisten Leute aus der Wohngegend schwimmen dort und haben sich daran gewöhnt.

Eines Tages zeigt Ihnen jemand den Gebirgssee. Sie staunen darüber, dass eine solche Schönheit existiert und die ganze Zeit über da war. Sie schwimmen stundenlang im See und fühlen sich anschließend wie neu geboren.

Wenn Sie nun das nächste Mal zum Schlammloch gehen, kommt es Ihnen besonders scheußlich vor. Dort hat sich zwar nichts geändert, aber Sie haben sich geändert. Sie haben eine größere Liebe gefunden – den Gebirgssee. Das Schlammloch erscheint Ihnen nur deshalb übler, weil Sie sich an den wunderschönen See erinnern. Und der See beginnt Sie zu verfolgen. Sie müssen ständig daran denken und können das Schlammloch nicht mehr ertragen. Je mehr Zeit Sie am Gebirgssee verbringen, desto unmöglicher wird es für Sie, am Schlammloch zu sein. Und dasselbe gilt, wenn wir uns daran gewöhnt haben, in unserem echten, ursprünglichen Selbst zu leben, dem Gebirgssee des Daseins; es wird dann unmöglich für uns, noch viel Zeit im Schlammloch morbider Denkgewohnheiten zu verbringen.

Ich freue mich immer, wenn ich sehe, wie ältere Menschen im Allgemeinen entspannter in sich selbst ruhen und sich wohler mit dem fühlen, was sie sind. Gewöhnlich lassen sie sich nicht von irgendwelchen Strategien und Vorwänden aus dem Gleichgewicht bringen (es sei denn, sie sind außergewöhnlich stark auf ihr Ego bezogen). Sie lassen sich kaum noch auf irgendwelche Konkurrenzkämpfe ein und haben nicht mehr das Bedürfnis, sich zu beweisen. Folglich begegnen sie anderen Menschen oft freundlicher und verständnisvoller. Jüngere Leute halten diesen Zustand vielleicht für nicht erstrebenswert, eine

Art Niemandsland der Halbtoten. Aber in der gelebten Erfahrung eines entspannten und ursprünglichen Selbst liegt eine solche Zufriedenheit, dass einem die Achterbahn des nicht authentischen Selbst mit ihren Ängsten und Bestrebungen wie eine entfernte Erinnerung an schwere Zeiten vorkommt.

Wir brauchen nicht zu warten, bis wir alt sind, um zu unserem ursprünglichen Selbst zu finden. Wir können uns auf der Stelle in dieses Gefühl verlieben und es bis ans Ende unserer Tage genießen. Wir können die Phase überspringen, in der wir mehrere Jahrzehnte damit verbringen, hektisch die endlosen Forderungen unserer zwanghaften Gedanken zu erfüllen, bis wir so erschöpft sind, dass wir nicht mehr weitermachen können. Das Leben ist zu reich, um es an solche Gedanken zu verschwenden. Ja, wir können, wie die Chinesen sagen, die zehntausend Freuden und die zehntausend Leiden kennen. Himmelhoch jauchzend und zu Tode betrübt. Aber im erwachten Bewusstsein macht das die unvergängliche Gegenwart nur noch erfrischender, unser eigenes ursprüngliches Selbst, das durch alles hindurchleuchtet.

Der Preis des Kompromisses

> *»Was würde es dem Menschen nützen, wenn er die Welt gewänne und dabei Schaden nähme an seiner Seele?«*
>
> JESUS

Bei einem Retreat, den wir in einem Seminarhaus in der Wildnis Oregons verbrachten, sprach ich eines Abends über die Bedeutung der Aufrichtigkeit in Beziehungen. Eine Frau in der ersten Reihe hob ihre Hand, um etwas zu sagen. Ich kannte sie damals erst kurze Zeit, und obwohl ich das Gefühl hatte, dass sie eine starke Liebe für die Lehre des Dharma empfand, spürte ich doch, dass sie von persönlichen Dämonen belastet war. Ihr Gesicht wirkte sorgenvoll, und sie ging, als würde sie von einem unsichtbaren Gewicht niedergedrückt. So war es nicht überraschend, als sie sagte: »Ich betrüge seit zwei Jahren jemanden, den ich sehr liebe.«

Ich tippte auf ein wahrscheinliches Szenario und fragte: »Hast du eine Affäre?«

»Ja«, flüsterte sie mit gesenktem Kopf. »Und ich fürchte, wenn mein Mann es erfährt, werde ich alles verlieren, was ich liebe.«

Die ungefähr hundert Teilnehmer verharrten in absolutem Schweigen, schienen nicht einmal zu existieren, als die Frau und ich unser Gespräch fortsetzten.

»Na ja«, sagte ich mit einem Blick in ihr sorgenvolles Gesicht, »was hast du jetzt? Was kostet dich diese Lüge?

Dir ist sicher klar, dass nicht nur die eine große Lüge dieser Affäre dich belastet, sondern auch die tausend kleinen Lügen, die sich daraus jeden Tag ergeben. Und jede dieser kleinen Lügen nagt an deiner Seele. Was immer dir diese Situation einbringt, du verlierst dabei mehr, als du gewinnst.«

Die Frau nickte zustimmend. »Und was soll ich tun?«, fragte sie.

Obwohl ich meist nicht so reagiere und den Leuten selten konkrete Ratschläge gebe, wie sie ihr Leben verändern sollten, brachen in diesem besonderen Fall die Worte aus mir heraus: »Als Erstes musst du die Wahrheit sagen.«

Einen endlosen Augenblick lang saß die Frau schweigend da. Schließlich sagte sie einfach: »Ja, das ist es, was ich tun muss.« Und dann geschah etwas Wunderbares: Der Druck des Kompromisses verschwand von ihrem Gesicht und wurde durch den Frieden der Integrität ersetzt. In diesem Moment wusste ich, dass sie zu sich selbst heimgefunden hatte. Unter Tränen der Erleichterung fragte sie, ob sie den Versammlungsraum auf der Stelle verlassen könne, um zu ihrem Mann zu fahren und ihm die Wahrheit zu sagen. Das bedeutete zwar, dass sie spät am Abend noch durch die Wildnis fahren musste, aber es schien die perfekte Lösung für sie zu sein. Als sie mich vor den Augen der gebannten Menge zum Abschied umarmte, flüsterte ich ihr ins Ohr: »Was auch immer geschehen mag, du wirst frei sein.« Sie hüpfte praktisch aus dem Raum.

Zwei Tage später kam sie zurück und strahlte. Bei unserer Abendsitzung bat ich sie, uns zu berichten, was passiert war, denn natürlich brannten wir alle darauf, es zu erfahren. Sie war in jener Nacht zur Überraschung ihres Mannes nach Hause gekommen und hatte ihm die ganze Geschichte über ihre Affäre erzählt. Er war so verletzt und wütend, dass sie ein weiteres Gespräch über dieses Thema bis zum nächsten Morgen vertagten. Aber als es hell wurde, stand ihr Mann auf, fuhr auf seinem Motorrad fort und blieb viele Stunden weg. Unterdessen dachte die Frau, die Welt, die sie bisher gekannt hatte, mit einem liebevollen Ehemann, Kindern, Schwiegereltern und Verwandten würde nun enden. Obwohl sie diese Aussicht ungeheuer traurig stimmte, empfand sie gleichzeitig eine tiefe innere Ruhe. Als ihr Mann jedoch zurückkam, sagte er, er wolle an der Ehe festhalten und er liebe sie sehr. Er würde Zeit brauchen, um sich von dieser Verletzung zu erholen, aber gemeinsam würden sie es schaffen. Im Gegenzug versprach sie ihm, die Affäre zu beenden. Am nächsten Tag hatte ihr Mann vorgeschlagen, sie solle zurückfahren und das Retreat beenden.

Die Tatsache, dass die Ehepartner zusammenblieben, gibt dieser Geschichte ein glückliches Ende. Aber für mich war das glückliche Ende der Augenblick, als die Frau wusste, dass sie ihrem Mann die Wahrheit sagen würde. In diesem Moment war sie bei sich angekommen und frei. Selbst wenn ihr Mann sie auf die Straße gesetzt hätte, wäre das für sie besser gewesen, als weiter die Menschen zu betrügen, die sie liebte.

Für jeden Menschen, der auch nur ein bisschen Einfühlungsvermögen hat, ist es oft schmerzlicher, selbst zu lügen, als angelogen zu werden. Sogar wenn man denkt, man könne mit einer Lüge »davonkommen«, bleibt man *selbst* derjenige, der mit der Täuschung leben muss. Wie beim Kartenspiel ist es der sprichwörtliche schwarze Peter, den man nicht mehr los wird. Und auch wenn es unser eigenes kleines Geheimnis bleibt, scheint bei jedem Blick in unsere Karten das Bild des schwarzen Peters alle anderen Karten zu verfinstern. Ganz ähnlich verfinstert auch die Unehrlichkeit unser Bewusstsein. Jede Aktion, die mit Manipulation, Lügen oder einer noch so subtilen Verzerrung der Wahrheit verbunden ist, stört den innersten Kern unseres Daseins.

Wenn wir uns selbst gegenüber aufrichtig sind, leben wir in Frieden, in einer Situation der Gnade, die nicht von den äußeren Umständen abhängt. Im erwachten Bewusstsein wissen wir, dass uns nichts in Versuchung führen kann, faule Kompromisse zu schließen, weil nichts mehr wert ist als Frieden. Ich bin immer wieder überrascht, wofür Leute ihren inneren Frieden aufs Spiel setzen. Sie betrügen ihre Angehörigen, Freunde oder Geschäftspartner, lassen stillschweigend zu, wie der gute Ruf eines anderen zerstört wird, oder sie schmücken ihre eigenen persönlichen Geschichten aus, um andere zu beeindrucken – alles nur Versuche, eine innere Leere zu füllen. Aber egal, was sie bei diesen Verletzungen der Integrität scheinbar gewinnen, in stillen Momenten, in denen sie den Preis der Kompromisse nicht leugnen können, muss ihnen das alles wie wertloser Tand und schale Erinnerungen vorkommen.

Manche von uns müssen diese Erfahrung häufig machen,

wenn Gier, Verlangen, Ehrgeiz oder Furcht uns überwältigen und wir wieder einmal versuchen, »damit davonzukommen«. Wir erzählen eine Lüge, wir verstellen uns, wir führen andere in die Irre. Aber die klare Einsicht im Hintergrund gibt keine Ruhe, bis wir korrigieren, was nicht mit der Wahrheit übereinstimmt. Oft schauen wir zurück auf das Durcheinander, das wir mit unseren Lügen angerichtet haben, und fragen uns: »Was habe ich mir dabei nur gedacht?« Im Rückblick erkennen wir, dass alles, was uns die Lüge eingebracht hat – die Affäre, das ungerechtfertigte Lob, das zusätzliche Geld –, die Sache nicht wert war. Irgendjemand ist uns auf die Schliche gekommen; und dieser jemand waren wir selbst.

Es gab Menschen in der Geschichte, und es gibt sie auch heute noch, die alles für die Wahrheit und die Freiheit opfern. Denken Sie an Rembrandt. In seiner ersten Schaffensperiode war er einer der erfolgreichsten Porträtmaler Hollands, aber er hörte mit dieser lukrativen Arbeit auf, als er es nicht mehr ertragen konnte, süße und schmeichelhafte Porträts der Reichen zu malen. Seine letzten zehn Jahre verbrachte er in Armut und Dunkelheit in einem Ghetto in Amsterdam, wo er einige seiner größten Meisterwerke malte.

Oder denken Sie an Martin Luther King. Obwohl er schon während seiner Jahre als Anführer der Bürgerrechtsbewegung an Todesdrohungen gewöhnt war, wusste er, dass seine Tage wahrhaft gezählt waren, als er begann, sich gegen die amerikanische Einmischung in Vietnam auszusprechen. Trotz aller Warnungen der Menschen, die ihm am nächsten standen, sagte er weiterhin seine Meinung über den Vietnamkrieg, und ihm schien klar zu sein, dass er dafür würde sterben müssen. In den letzten Monaten seines Lebens spielte er häufig darauf an, dass ihm der Tod drohte. Am Abend seiner Ermordung hielt er vor einer Gemeinde in Memphis, Tennessee, eine leidenschaftliche Ansprache, in der er sagte, er sei auf dem Berg gewesen und habe das verheißene Land gesehen. »Vielleicht komme ich nicht gemeinsam mit euch dorthin«, verkündete er prophetisch. »Aber ich will euch heute Abend sagen, dass wir als Volk das verheißene Land erreichen werden.«

Ein Leben in der Integrität, in integraler Ganzheit, kann uns Freundschaften, weltlichen Besitz, unsere Position oder unseren guten Ruf kosten. Es kann sogar unser Leben kosten. Aber verglichen mit dem Verlust unserer Seele sind das die kleineren Opfer.

Einfache Motive

»Im Komplizieren steckt Falschheit.«

H.W.L. POONJAJI

Ein weiterer Aspekt des Echten besteht darin, dass wir keine komplizierten Absichten verfolgen. Im erwachten Bewusstsein wirkt Echtheit aus einer klaren, einfachen Motivation heraus, die eher darauf gerichtet ist zu geben, als zu nehmen. Sie erlaubt einem, aus der Stille des Herzens zu sprechen und zu handeln, statt aus dem inneren

Geplapper, das selbstsüchtige Motivationen meist begleitet. Im Grunde ist es ein guter Test, darauf zu achten, wie viel Lärm unsere Gedanken veranstalten, wenn wir etwas tun. Je mehr wir über die Situation nachgrübeln (wobei es gewöhnlich um Fragen geht wie: »Welche Auswirkungen wird das für *mich* haben?« oder »Was werden sie von *mir* denken?«), desto weiter sind wir von einer klaren Absicht entfernt. Denken Sie daran, was eine Mutter tut, wenn ihr Baby schreit. Ohne groß darüber nachzudenken, füttert sie das Kind. Ihre Absicht ist unkompliziert. Genauso können wir in der Welt und in unseren Beziehungen ohne Manipulation handeln.

Wenn wir keine komplizierten Pläne und versteckten Ziele verfolgen, dann fühlen sich andere in unserer Gegenwart wohl. Wenn wir dagegen insgeheim etwas von anderen wollen, dann herrscht eine unterschwellige Spannung. Unsere Wünsche entspringen der Vorstellung, dass etwas in unserem Inneren fehlt und dass dieses Gefühl gelindert werden kann, wenn wir das Fehlende von anderen erhalten. Dazu müssen wir die anderen objektivieren, als seien sie ein Warenautomat, der etwas Begehrtes ausspuckt, wenn man den richtigen Hebel zieht. Wenn wir andere aber so betrachten, dann verschließt sich zwangsläufig unser Herz, weil wir uns nicht in Menschen einfühlen können, die wir gleichzeitig ausbeuten wollen.

Wenn wir im Hinblick auf andere Menschen versteckte Absichten haben, sind wir dabei auf die Zukunft fixiert. Das hindert uns daran, mit dem anderen im gegenwärtigen Augenblick zu leben und zuzulassen, dass sich alles auf eine natürliche Weise entfaltet, denn wer geheime Absichten verfolgt, beeinflusst den Gang der Ereignisse im Interesse der eigenen Ziele für die Zukunft. Das einfache Dasein zusammen mit anderen hat kein Ziel und keine Zukunft. Es gibt nur die stets überraschende Reise im *Jetzt*, die uns und die anderen führt, wohin sie will. Es ist so, als würden wir Musik hören: Der Genuss eines Musikstücks hängt nicht davon ab, dass wir ans Ende des Stückes gelangen.

Eine einfache und klare Absicht kommt aus einem aufrichtigen Herzen. Wenn wir uns immer mehr auf das Gefühl der reinen Lebendigkeit einstellen, erleben wir eine Freude, die mit Schlichtheit in allen Formen zufrieden ist. Komplizierte Motivationen werden uns immer unangenehmer, weil sie unseren innersten naturgemäßen Frieden stören. Das bedeutet nicht zwangsläufig, dass wir als Einsiedler in einer Höhle leben oder alles verkaufen müssen, um unser Leben zu vereinfachen. Manche Leute empfinden inneren Frieden, während sie ständig in Bewegung sind und sich um viele Einzelheiten kümmern. Im Zentrum unseres Daseins kann Stille oder Ruhe herrschen, obwohl wir mit vielen Aktivitäten und Details beschäftigt sind. Trotz komplexer Handlungen können die Motive einfach sein.

Bei einer klaren Absicht fördert die Stille des Herzens auch das Aufblitzen der Inspiration. Wenn unsere Motivation aufrichtig und wahr ist, wächst die Intuition, und wir sind empfänglicher für die elektrisierenden Impulse des Genius. Nehmen wir beispielsweise Mahatma Gandhi. Seine erklärte Motivation während seines gesamten Lebens war,

Gott zu dienen, und zu diesem Zweck hat er Strategien von brillanter Einfachheit eingesetzt.

Die Idee für seinen Salzmarsch kam Gandhi in einem Traum. Das war zu einer Zeit in der Geschichte der indischen Unabhängigkeitsbewegung, als sich die Spannungen mit den Briten auf ihrem Höhepunkt befanden. Neben zahlreichen anderen Restriktionen hatte die Kolonialmacht den Indern verboten, ihr eigenes Salz herzustellen. Stattdessen mussten die Einheimischen das im Überfluss vorhandene und im täglichen Leben unverzichtbare Salz von den Briten kaufen, die ein Monopol darauf hatten. Um diese Ungerechtigkeit anzuprangern, organisierte Gandhi einen Marsch über rund 400 Kilometer zur Küstenstadt Dandi, wo das Salz haufenweise am Strand herumlag – für jeden frei zugänglich. Er ging mit den 87 Mitgliedern seines Ashrams los, und als sie die Küste erreichten, hatten sich ihnen mehrere tausend Menschen angeschlossen. Gandhi ging dort direkt auf die Salzhaufen zu, nahm eine Prise in die Hand und hielt das Salz hoch. Mit dieser schlichten Geste begann der Jahrhunderte alte Kolonialismus zu bröckeln. Trotz aller Vergeltungsmaßnahmen, die es während der folgenden Monate gab, begannen die Menschen überall in Indien das Salz aus dem eigenen verbotenen Handel zu einem Preis zu kaufen, der über dem britischen lag.

Im erwachten Bewusstsein wird unsere Motivation zu dienen einfach. Es gibt kaum mehr zu tun, als einander zu lieben und sich gegenseitig zu helfen. Gewöhnlich merken die Leute, wenn sie sich in der Gegenwart eines Menschen befinden, der einfach aus Liebe heraus handelt, und sie reagieren mit Vertrauen und Unterstützung. Man sagt, dass Gandhi bei den Menschen, die mit ihm zusammengearbeitet haben, das Beste ans Licht gebracht habe. Wahrscheinlich hat ihn seine eigene Einfachheit des Herzens befähigt, in anderen das Schlichte und Wahre zu erkennen. Wenn wir in dieser Art von Geradlinigkeit leben, verändert unsere Wahrnehmung die Menschen um uns herum. Wir können ihre grundlegende Güte erkennen, selbst dann, wenn sie mitten in Neurosen und komplizierten Dramen stecken. Und unsere Bereitschaft, diese Güte einfach zu sehen, kann auch ihre eigene Selbstwahrnehmung verändern.

Echte Demut

»Meine Verpflichtung ist dies: transparent zu sein.«

PABLO NERUDA

Fast jeder, der meine Nichte Alicia kennt, hält sie für eine Art Engel. Sie ist schon so auf die Welt gekommen. Anspruchslos und freundlich hat sie ihr Leben lang anscheinend nicht bemerkt, wie sie auf andere Menschen wirkt. Als wir eines Abends beim Essen saßen – Alicia war ungefähr acht Jahre alt –, berichtete ihre ältere Schwester Bridget der Familie, dass an diesem Tag im Essraum der Schule ein Streit darüber ausgebrochen sei, wer diesmal neben Alicia sitzen durfte. Etwas verlegen flüsterte mir Alicia, die neben mir am Tisch saß, ins Ohr: »Ich weiß gar nicht, warum. Ich bin doch nichts Besonderes.«

Genau *das* war natürlich der Grund. Sie ist von einer natürlichen Demut durchdrungen, die aus ihrer Echtheit hervorgeht, und das gibt den Menschen in ihrer Gegenwart die Möglichkeit, ebenfalls echt zu sein. Ihnen wird das seltene Geschenk der Furchtlosigkeit angeboten, das Gefühl, dass sie sich in der Gegenwart dieser Person nicht fürchten müssen, sie selbst zu sein. Das erwachte Bewusstsein weiß genau, dass wir uns niemals fürchten müssen, wir selbst zu sein. Es ist der Mangel an Authentizität, der Probleme schafft.

Wir alle wissen, wie unbehaglich man sich in der Nähe eines Menschen fühlt, der vorgibt, mehr zu sein, als er ist. Es gibt die Geschichte über einen berühmten General, der einen bekannten Zen-Meister besuchen will. Er kommt zum Tempel und präsentiert dem Sekretär seine Karte, die ihn als Anzai-san, Oberkommandierenden und General der kaiserlichen Armee, ausweist. Nachdem der Sekretär den Zen-Meister informiert hat, kehrt er zurück und erklärt ängstlich: »Der Meister sagt, er hat mit dir nichts zu bereden.« Der General nickt schweigend, und da er ein weiser Mann ist, kratzt er alle Titel von seiner Karte und lässt nur seinen Namen, Anzai-san, übrig. »Bitte bringe dem Meister die Karte noch einmal«, fordert er den Sekretär auf. »Ah, Anzai-san«, ruft der Zen-Meister diesmal aus, als er die Karte sieht, »es wird mir eine Freude sein, diesen Mann kennen zu lernen!«

Anmaßung und Dünkel begegnen uns in vielfältiger

Form. Gefährlich sind beispielsweise spirituelle Lehrer und Gurus, die das verbreiten, was man im Zen den »Gestank der Erleuchtung« nennt. Es sind Menschen, die eine Art Vollkommenheit für sich in Anspruch nehmen (oder eine Form von Erleuchtung, die ihre offensichtlichen Unvollkommenheiten rationalisiert), oft mit dem Ergebnis, dass sie angebetet und verwöhnt werden. Die meisten von ihnen sind ziemlich reich und haben Diener, die ihnen jeden Wunsch von den Augen ablesen. Je größer ihr Dünkel, desto größer ist offenbar ihre Anhängerschaft, weil so viele Menschen an etwas glauben wollen, das höher steht als sie selbst.

Aber viele von uns fühlen sich auch von übertriebener Frömmelei abgestoßen. Schick mir lieber den Hofnarren! Haben wir nicht alle in der Schule den Klassenclown geliebt? Hat er oder sie die Wahrheit nicht treffender gesagt, als irgendein Prediger es jemals könnte? Wenn wir uns selbst in der Therapie, bei kontemplativen Übungen oder bei der Selbstbefragung genauer ansehen, dann finden wir gewöhnlich jede Anmaßung von Frömmigkeit besonders albern. Wie Trungpa Rinpoche sagte: »Meditation ist eine Beleidigung nach der anderen.« Authentizität bedeutet freilich nicht, dass man jedes Verlangen, jede Furcht und jeden Zorn als Ausdruck des wahren Selbst hätschelt. Selbstsüchtiges Verhalten basiert auf Ego-Fixierung, der Geschichte von *mir*, auch wenn es bisweilen als Authentizität rationalisiert wird.

Um wahrhaft authentisch zu sein, braucht man ein mutiges Herz oder »Beherztheit«. Man muss es ertragen können, dass man bisweilen missverstanden oder abgelehnt wird oder sich in den Augen anderer zum Narren macht. Aber auch wenn unsere nackte Authentizität hin und wieder dazu führt, dass wir uns verwundbar fühlen, machen wir doch häufiger die Erfahrung, dass wir uns stärker fühlen, wenn wir eine schwierige Wahrheit ausgesprochen oder unsere Seele offengelegt haben.

Unsere natürliche Einsicht weiß, dass wir uns nicht fürchten müssen, wir selbst zu sein, und dass ein Mangel an Authentizität eher zu Problemen führt. Doch wie finden wir zur Echtheit? Wir verlieren das Gespür für unser wahres Selbst durch Furcht und Leiden. Wir reagieren auf frühere Leiden, indem wir ein falsches Selbst als Maske entwickeln, um dadurch unser wahres und einfühlsames Selbst zu schützen, das verletzt worden ist. Aber im Grunde ist es schwieriger und schmerzlicher, das falsche Selbst aufrechtzuerhalten, als in der Verletzlichkeit des authentischen Selbst zu leben. Und es macht uns sehr einsam.

Wenn die Einsicht erwacht, sieht sie klar die Schwierigkeiten und die Einsamkeit, die mit Anmaßung und Dünkel verbunden sind. Sich der Welt als ein besonderer *Jemand* zu präsentieren ist anstrengend und zeugt fast immer von Unsicherheit. Solange die Show weitergehen muss, können wir uns nie entspannen. Wir müssen uns von anderen distanzieren, denn erstens will der Heuchler großartiger wirken, als er ist, und braucht wie ein guter Zauberer seine geheimen Requisiten, und zweitens würden Menschen, die uns zu nahe kommen, unser geringes Selbstwertgefühl bemerken, das die treibende Kraft hinter der ganzen Scharade ist. Hat man den Heuchler erst einmal entlarvt, dann wird er, der so gerne bewundert würde, statt dessen bedauert.

Wenn wir uns in unserem Inneren vollständig fühlen, haben wir nicht das Bedürfnis, uns als irgendjemand zu präsentieren. Wir sind nicht dieses oder jenes. Wir sind einfach da. Da ich den Dalai Lama mehrmals interviewt habe, bin ich oft gefragt worden, ob ich mich in seiner Gegenwart nervös gefühlt hätte. Über diese Frage muss ich immer lächeln, denn mit dem Dalai Lama zusammen zu sein, gehört zu den Erlebnissen, die entspannender kaum sein könnten. Es ist so ähnlich, als würde man mit seiner eigenen Großmutter am Kamin sitzen. Der Dalai Lama macht jeden Menschen in seiner Nähe gelassen, weil er selbst so gelassen ist. In seiner Gegenwart gibt es nicht den Anschein »falscher Heiligkeit«, keine angespannten Formalitäten und keine affektierte oder frömmelnde Demut. Man begegnet einer würdigen und kraftvollen Persönlichkeit, die gleichzeitig so freundlich und verspielt ist, dass man diesen Mann liebend gerne zu sich nach Hause einladen würde. Im Zusammensein mit einem wahrhaft großen Menschen fühlen sich andere nicht klein, sondern ebenfalls groß.

Echte Demut bedeutet nicht, dass man mit niedergeschlagenen Augen durch die Welt geht, ein härenes Hemd trägt und nur flüsternd spricht. Demut ist einfach ein natürlicher Ausdruck von Echtheit und Authentizität. In dieser Echtheit wissen wir, dass wir alle mehr oder weniger mit unseren konditionierten Gewohnheiten von Zorn, Eifersucht und Verwirrung kämpfen. In der Echtheit empfinden wir Mitgefühl mit uns selbst, wenn wir versagen, und deshalb können wir auch mit anderen leichter Mitgefühl haben. Wir wissen, dass Fehler und Versagen unsere naturgemäße Güte nicht ausschließen. Deshalb können wir uns selbst vollständig akzeptieren und präsentieren, in unserer Schönheit ebenso wie in unseren Mängeln, als die göttlichen Schlawiner, die wir sind.

Natürliche Moral

> *»Moral wurzelt in der Reinheit unseres Herzens.«*
>
> MOHANDAS K. GANDHI

Die Liebe, die mit einem erwachten Bewusstsein einhergeht, fordert eine größere Sensibilität im Verhalten als jeder existierende ethische Kodex. Wenn wir aus Liebe handeln, brauchen wir keine moralischen Regeln, weil wir auf natürliche Weise wissen, was verletzt und was hilft. Liebe achtet sorgfältig darauf, keine Schmerzen zu verursachen, und hat keine Freude daran, wenn es anderen schlecht geht. Stattdessen leidet sie mit, wenn ein anderer Schmerzen empfindet, und würde schon deshalb niemandem Schmerz zufügen, weil dadurch das eigene Leiden größer wird. Liebe braucht keine Regeln, Belohnungen oder Strafandrohungen, um das zu erkennen. Sie ist sich dessen mühelos im Innersten des Herzens bewusst. Und genau dort – im Zentrum des eigenen Herzens – lebt man, wenn man authentisch ist und bereitwillig dessen unmittelbare Sensibilität erträgt.

Im erwachten Bewusstsein dehnt sich unser Gemeinschaftssinn auf natürliche Weise aus, und wir empfinden eine größere Vertrautheit mit allen Lebewesen. Wenn wir beispielsweise einer Schlange in die Augen sehen, dann erkennt sich vielleicht ein Teil unseres eigenen Reptiliengehirns darin wieder, selbst wenn die jüngeren Teile unseres Gehirns zurückschrecken. Gleichwohl sind wir in diesem Augenblick des vagen Wiedererkennens weniger geneigt, die Schlange zu töten. Dasselbe gilt, wenn wir die Vertrautheit mit irgendeinem anderen Lebewesen empfinden – und dieses Gefühl haben wir im Zustand des erwachten Bewusstseins sehr viel häufiger –, dem wir dann ebenfalls keinen Schaden zufügen wollen.

In unserer Authentizität sind wir bereit, uns ehrlich mit der Frage auseinander zu setzen, wie sich unser Verhalten im Netzwerk des Lebens auf andere auswirkt. Es ist uns dann nicht mehr möglich, ausschließlich daran zu denken, was wir selbst in einer Situation gewinnen oder verlieren, oder unsere Egozentrik zu rechtfertigen, indem wir denken, es sei sozial akzeptabel, immer der Erste sein zu wollen. Stattdessen achten wir im erwachten Bewusstsein auf die verstecktesten Kosten, die unsere Existenz in der Welt verursacht, und wir versuchen, diese Kosten nach Möglichkeit zu verringern. Unser Verhalten gegenüber anderen ist von echter Sorgfalt gekennzeichnet, nicht weil wir das so gelernt hätten, sondern weil wir damit unserer eigenen authentischen Güte Respekt erweisen, die eine solche freundliche Rücksichtnahme fordert. Wir sind nicht fähig, andere Menschen zu betrügen, um unsere Ziele zu erreichen, weil unser Unbehagen, mit einem solchen Betrug zu leben, größer ist als das Vergnügen, das wir dabei gewinnen würden. Wir können es uns nicht erlauben, rein technisch die Wahrheit zu sagen und dabei Situationen auf eine irreführende Weise darzustellen.

Es ist uns auch nicht mehr möglich zu ignorieren, dass andere nicht einmal ihre Grundbedürfnisse befriedigen können, während wir im Luxus leben. So wie wir nicht im Traum daran denken würden, bei einer gemeinsamen Mahlzeit mit allen unseren engen Freunden und Verwandten so viel für uns selbst zu horten, dass für die anderen nichts mehr übrig bleibt, teilen wir in jeder Situation, weil das Wohlergehen der anderen uns wichtig ist. Unser Empfinden für Fairness ist nicht nur gesellschaftlich vermittelt, sondern ein Impuls, der unserem universellen Mitgefühl entspringt.

Aber im erwachten Bewusstsein erkennen wir auch, wie Leben sich von anderem Leben ernährt. Unser menschliches Leben braucht beispielsweise oft körperliche, emotionale, intellektuelle und spirituelle Anregungen. Wir sind in vieler Hinsicht hungrige Tiere – hungrig nach Erfahrungen, hungrig nach Dingen. Aber wir beobachten diesen Appetit wachsamer, wenn uns klar wird, wie viel Schaden er anderen Wesen zufügen kann. Der buddhistische Lehrer Thich Nhat Hanh betont beispielsweise, dass wir einfach durch das Lesen einer Tageszeitung an einer Industrie teilhaben, die einen ganzen Wald für jede größere Tageszeitung in der Welt verbraucht. Wenn wir an die vielen tausend Tageszeitungen denken, realisieren wir vielleicht zum ersten Mal verblüfft, wie viele Bäume allein dieser Industriezweig verbraucht. Das Buch, das Sie jetzt in der Hand halten, repräsentiert ebenfalls einen enormen Holzverbrauch. Für Autoren und Verleger ist es deshalb wichtig, an die ökologischen Kosten zu denken und den Bäumen, die in der Buchproduktion verbraucht werden, ein Höchstmaß an Respekt zu erweisen.

Ein Mitglied unserer Gemeinschaft in Los Angeles hat einmal als Artdirektor in der Werbung gearbeitet. Seine größten Auftraggeber waren Unternehmen aus der Tabakindustrie. Weil er eine Menge Geld verdiente und sein eigenes Einkommen in die Finanzierung ganzheitlicher Projekte investierte, rechtfertigte er seinen Verbleib in dieser Branche eine ganze Weile. Aber als sich sein eigenes Bewusstsein vertiefte – während seine angeborene Einsicht erwachte –, wurde es für ihn unmöglich, diese Art von Arbeit fortzusetzen. Er begann innerlich das Gesicht zu verziehen, wenn er in den Nachrichten von Lungenkrebstoten hörte oder wenn seine Bekannten, die Raucher waren, an Emphysemen litten. Er konnte seine Mitwirkung an der Werbung nicht mehr vom Endergebnis trennen, dass dadurch Leute zum Rauchen verleitet wurden. Er konnte sich vom Leiden und dem Tod, den das Rauchen verursacht, nicht mehr distanzieren. Dieses Leiden traf jetzt nicht mehr Fremde, sondern es traf *uns*. Er gab seinen Job auf und musste sich an ein geringeres Einkommen gewöhnen, aber jetzt hat er seinen inneren Frieden gefunden. Sein eigenes wahres Herz verlangte, dass er seine Gefühle und sein Handeln in Einklang brachte.

Manchmal fordert unsere natürliche Moral auch, dass wir gegen die Regeln der Gesellschaft oder der Religion verstoßen. Ich habe immer die Geschichte von den zwei Zen-Mönchen bewundert, die dabei waren, einen Fluss zu überqueren, als sie ein hübsches junges Mädchen bemerkten, das nicht auf die andere Seite des Ufers gelangen konnte, ohne seinen Kimono zu durchnässen. Der ältere der beiden Mönche nahm das Mädchen auf die Arme, trug es durch den Fluss und setzte es am anderen Ufer wieder ab. Die beiden Mönche gingen weiter, aber der jüngere war erkennbar verstört. Nachdem sie ihren Weg eine Weile schweigend fortgesetzt hatten, sagte der junge Mönch zu dem älteren: »Wir Mönche sollen keine Frauen berühren, vor allem keine jungen und hübschen.« Der ältere Mönch antwortete: »Ich habe das Mädchen am anderen Ufer abgesetzt. Trägst du es immer noch?«

Wenn unsere Motivation rein ist, entsteht in unseren Gedanken wenig Unruhe, selbst wenn wir gegen die Regeln verstoßen haben. Im erwachten Bewusstsein ist ein Mangel an gedanklicher Unruhe im Grunde ein gutes Barometer für die Übereinstimmung zwischen unseren Worten und unserem Handeln. Wenn unsere Gedanken aufgewühlt und voller Reue sind, dann hängt das gewöhnlich damit zusammen, dass wir etwas gesagt oder getan haben, das andere verletzt, etwas, das gegen die Vorschriften unserer grundlegenden Güte verstößt oder aus einem Augenblick der Verwirrung hervorgegangen ist. Im erwachten

Bewusstsein kommt nicht zwangsläufig Reue auf, wenn wir die moralischen Regeln der Gesellschaft brechen. Reue wird durch einen Mangel an Liebe und Güte ausgelöst. Im Grunde brauchen wir keine Moral, wenn wir statt dessen Mitgefühl haben.

In Gesellschaften wird es stets bestimmte Regeln geben, und in den meisten Fällen sind sie auch notwendig, damit das Zusammenleben einer großen Zahl von Menschen reibungslos funktioniert. Wer sein eigenes einfühlsames Herz noch nicht weit genug geöffnet hat, muss diese Regeln kennen und beachten, weil die Welt sonst ein noch größeres Chaos wäre, als sie es jetzt schon ist. Aber Menschen, deren Einsicht erwacht ist, können sich vollständig auf ihre natürliche Moral verlassen. Sie steht in keinem Buch und wird in keiner Kirche verkündet. Die natürliche Ethik ist im echten Kern unseres eigenen Herzens niedergeschrieben, das in vollkommener Klarheit weiß, wie man liebt.

Wahre Freundschaft

> *»Wenn einer weint, schmeckt der andere Salz.«*
>
> ANONYM

Vor einigen Jahren habe ich mit einer international berühmten Sängerin gesprochen, die damals knapp fünfzig war. Wir saßen an ihrem Küchentisch und sprachen darüber, wie wichtig Freundschaft ist. Weil sie schon mit 19

Jahren berühmt geworden war, so erzählte sie mir, habe sie erst später im Leben gelernt, anderen Menschen eine Freundin zu sein. In den ersten Jahren ihres kometenhaften Aufstiegs habe es immer eine Reihe von Leuten gegeben, die nur darauf warteten, ihre neuen besten Freunde zu sein, ganz gleich, wie rücksichtslos sie sich verhielt. So gewöhnte sie sich an rasch wechselnde Freunde, bis es mit ihrer Karriere rapide abwärts ging und sie nicht mehr als Star galt. Sie blickte sich um und erkannte, dass sie im Laufe der Jahre jeden vor den Kopf gestoßen hatte, der sie je geliebt hatte, jeden, auf den sie in schlechten Zeiten hätte zählen können.

Das war ein Wendepunkt in ihrem Leben. Sie, der dauerhafte Freundschaft vorher nie etwas bedeutet hatte, erkannte nun, wie kostbar die Freundschaft ist und wie sehr sie eine solche Beziehung vermisste. Weil sie ein Idol gewesen war und so viele Menschen ihre Projektionen auf sie konzentriert hatten, hatte sie geglaubt, sie sei etwas Besonderes und die normalen Erwartungen an eine Freundschaft würden für sie nicht gelten. Sie war darüber einsam geworden, nur noch von Kriechern umgeben, bis auch diese verschwanden. Danach hatte sie sich auf eine lange und mühsame Reise begeben und im Laufe von Jahren durch Therapie und Meditation gelernt, wie man ein echter Freund ist. Befreit von ihrer Selbstüberschätzung lernte sie zuzuhören, wenn andere über ihre Probleme sprachen, und mit ihnen Freude und Leid zu teilen. So erlangte sie die weite Offenheit, die wir brauchen, wenn wir andere in unserem Herzen wohnen lassen wollen.

Gut zuzuhören und füreinander da zu sein ist die Grundlage jeder echten Freundschaft. Sie fördert eine Loyalität, die entsteht, wenn wir mit einem anderen Menschen durch gute und schlechte Zeiten gegangen sind und dabei mit ihm gejubelt und gelitten haben. Eine tiefe Loyalität erlaubt uns auch, unseren Freunden gegenüber ehrlich zu sein und ihre Ehrlichkeit zu akzeptieren, wenn schwierige Dinge gesagt werden müssen. Das wird dadurch leichter, dass wir in einer echten Freundschaft, die aus erwachtem Bewusstsein hervorgegangen ist, das Beste für den anderen im Sinn haben. Die Ehrlichkeit wird, so kritisch das Thema auch sein mag, mit Freundlichkeit vorgetragen.

Als echte Freunde sind wir bereit, in unseren Beziehungen verletzlich zu sein – manchmal sogar verrückt –, und wir verlassen uns darauf, dass unsere echten Freunde uns so akzeptieren, wie wir sind. Wir verlassen uns auch auf gegenseitiges Vertrauen, die wichtigste Grundlage jeder Beziehung, die sich nur langsam entwickelt, aber in einem einzigen Augenblick zerstört werden kann. Weil wir verstehen, wie wichtig Vertrauen ist, werden wir die Geheimnisse unserer Freunde nicht ausplaudern, werden nicht über sie klatschen und tratschen und werden sie in schlechten Zeiten nicht im Stich lassen.

Auch unter Freunden kann es gelegentlich eine unterschwellige Eifersucht geben. Zwar wollen gute Freunde sich gegenseitig keinen Schaden zufügen, aber manchmal freut sich der eine nicht uneingeschränkt über die Triumphe des anderen, vor allem wenn das eigene Talent oder die eigenen Erfolge scheinbar nicht so groß sind. Aber im erwachten Bewusstsein sind wir begeistert über die Erfolge unserer Freunde. Wir sind die Ersten, denen sie die guten Neuigkeiten erzählen. Die Erfolge unserer Freunde machen uns einfach stolz darauf, sie zu kennen, und wir sind dankbar, dass ihr Talent ein Teil unseres Lebens ist. Wir empfinden ihnen gegenüber dasselbe, was Eltern angesichts der Erfolge ihrer Kinder empfinden. Was sie erreichen, steigert unser eigenes Gefühl von Überfluss.

Echte Freundschaft kann auch die Schranken von Vorurteilen durchbrechen. Einer meiner Freunde erzählte mir die Geschichte seiner Mutter und ihrer Freundschaft mit dem Schriftsteller James Baldwin, als dieser noch ein kleiner Junge war. Die Mutter, deren Mädchenname Orilla Miller war, arbeitete während der Weltwirtschaftskrise in einem Bildungsprogramm der Regierung. Baldwin war Schüler in diesem Programm für Farbige, und Miss Miller erkannte schnell, wie begabt er war. Sie fühlte sich veranlasst, mehr Zeit mit ihm zu verbringen, nicht nur, um ihn in seiner Ausbildung nach Kräften zu fördern, sondern auch, weil sie seine Gesellschaft und seinen brillanten Geist wirklich genoss. Trotz der Proteste von Baldwins Vater, der Pfarrer war und ein tiefes Misstrauen gegen Weiße hegte, nahm Miss Miller den Jungen immer wieder mit in Konzerte und Filme, ins Museum und zu politischen Ereignissen. Zwischen den beiden entwickelte sich eine so wundervolle Freundschaft, dass sich Baldwins Vorurteile gegen Weiße, die er von seinem Vater übernommen hatte, dauerhaft änderten. Später schrieb er, es sei »mit Sicherheit ihretwegen gewesen, die so früh in mein schreckliches

Leben trat, dass ich es nie wirklich schaffte, die Weißen zu hassen«. Die Mutter meines Freundes, eine junge weiße Frau aus dem Mittelwesten, hatte aufgrund ihrer echten Wertschätzung für einen verwandten Geist in Gestalt eines schwarzen Jungen gehandelt.

Sich auf diese Weise als Freund zu erweisen, wird möglich, wenn man in seiner eigenen wahren Natur zu Hause ist, die ganz selbstverständlich die Gemeinsamkeit menschlicher Erfahrungen erkennt. In unseren Retreats führen wir manchmal eine Übung durch, die ich »Gott mit Gottes Augen sehen« nenne. Die Sache ist ganz einfach: Jeder Teilnehmer wählt einen Partner, und zwar möglichst jemanden, den er persönlich noch nicht kennt. Dann erklingt eine Glocke, die Partner verbeugen sich voreinander und sitzen sich dann gegenüber, um sich drei Minuten schweigend in die Augen zu blicken. Am Ende dieser Zeit erklingt wieder die Glocke, die Partner verbeugen sich und suchen sich jeweils neue Partner, mit denen sie die gleiche Übung durchführen. Das geschieht dreimal mit verschiedenen Partnern. Dabei werden keine Worte oder Berührungen ausgetauscht. Man sitzt nur schweigend da und blickt sich gegenseitig in die Augen.

Bei dieser stillen Art der Wahrnehmung sieht man im Gesicht des oder der anderen oft das Leiden, das diese Person ertragen hat. Man kann ihre Triumphe fühlen, die Bindungen zu ihren Kindern und Eltern und die Anflüge von Reue. Das Erwachen des Bewusstseins kann bisweilen sogar emotional überwältigend sein, so groß ist die Macht des Mitfühlens. Ich habe bei solchen Gelegenheiten immer wieder Partner beobachtet, die, obwohl sie sich vorher noch nie gesehen hatten, sich mit Tränen in den Augen gegenübersaßen, während irgendeine schweigende Übertragung von Gefühlen stattfand. Bei solchen Beobachtungen musste ich an eine Zeile des Liedes denken, das David Byrne von denTalking Heads vor vielen Jahren gesungen hat: »You got a face with a view.« (Du hast ein Gesicht mit einer Ansicht.)

Worüber die Leute nach dieser Übung meist berichten, ist eine unfassbare *Gleichheit*, die durch jedes Wesen hindurchscheint. Manchmal wird sie als Licht beschrieben, das in jedem Gesicht leuchtet, manchmal als die Strahlen der Existenz. Im erwachten Bewusstsein sind wir auf dieses Licht in unserem Inneren eingestimmt, auf das Strahlen der Existenz, und wir spüren es in allen Dingen. Das ist unser ursprünglichster Kern, wenn alles gesagt und getan ist, und ihn zu erkennen fördert die echteste Form der Begegnung mit anderen.

Ich habe in letzter Zeit mehrmals einen Freund im Krankenhaus besucht, dessen Leben zu Ende geht. Obwohl sein Körper vom Krebs ausgezehrt ist, sind seine Augen schöner denn je. Alles, was von ihm übrig ist, ist Liebe. Wir sitzen zusammen in der Wärme einer zwanzig Jahre währenden Freundschaft und sprechen kaum ein Wort; und doch tauschen wir Welten um Welten aus. Im Zusammensein mit ihm habe ich das Gefühl, dass diese Körper, die wir fälschlicherweise so oft für uns selbst halten, sich einfach auflösen im gegenwärtigen Augenblick, im Strahlen des Lichts. Die Lebendigkeit des Augenblicks als den ursprünglichsten Geschmack unseres Daseins wirklich zu fühlen, erscheint als das größte aller Privilegien. Im Zusammensein mit meinem sterbenden Freund erlebe ich, wie ein weiterer Körper sich in seine wesentlichen Bestandteile auflöst, die in diesem zeitlosen Augenblick treiben werden. Aber mir ist auch bewusst, dass etwas nicht Greifbares bleibt, die Liebe, die wir zurücklassen, wenn unsere Körper vergangen sind.

Das Ende der Vorstellungen

»Eines Tages gab die Sonne zu:
Ich bin nur ein Schatten.
Ich wünschte, ich könnte dir
die grenzenlose Weißglut zeigen.«

Hafis (persischer Dichter,
14. Jahrhundert)

Vor einigen Jahren fragte mich ein kleiner Freund, der damals sechs Jahre alt war: »Stell dir vor, du wärst von tausend hungrigen Tigern umgeben. Was würdest du tun?«

Ich dachte eine Weile darüber nach, stellte mir das Furcht erregende Szenario vor und spürte, wie meine Anspannung wuchs. Würde ich beten? Wahrscheinlich nicht. Würde ich weglaufen? Kein Mensch kann vor Tigern davonlaufen. Mich überfiel Angst, während ich vor meinem geistigen Auge die Tiger näher kommen sah. Ich sagte meinem jungen Freund: »Wow, ich weiß nicht, was ich tun würde. Was würdest *du* tun?«

Und er antwortete: »Ich würde aufhören, es mir vorzustellen.«

Manchmal unterscheiden sich die Geschichten über unser Leben und unsere Probleme kaum von der Vorstellung, wir wären von hungrigen Tigern umgeben. Wir malen in unserer Fantasie Bilder und fürchten uns dann vor ihnen. Wir tun so, als sei etwas nicht in Ordnung, und wir gründen unser Unglücklichsein auf Bilder, die hauptsächlich in unserer Vorstellung existieren.

Gelegentlich reißt uns eine echte Bedrohung aus unseren Vorstellungen vom Unglück. Wir müssen uns medizinischen Tests unterziehen. Nachdem wir angespannt gewartet und uns dabei schreckliche Krankheiten vorgestellt haben, die weit schlimmer sind als alle unsere kleinen Alltagsprobleme, bekommen wir die Ergebnisse. Sie sind günstig, und wir jubilieren. Wir schwören, uns nie wieder »über Kleinigkeiten aufzuregen«. Leichtfüßig verlassen wir die Praxis oder das Krankenhaus, genießen den blauen Himmel und die frische Luft und summen vor uns hin: »What a wonderful world.«

Aber im Laufe der nächsten Tage oder Wochen betrachten wir unsere Gesundheit wieder als selbstverständlich und machen uns erneut Gedanken darüber, wie viel besser unser Leben doch wäre, wenn wir einen bestimmten Partner hätten, eine bestimmte Erfahrung machen könnten oder irgendein Ding besäßen, das uns fehlt. Dabei mag es zwar so aussehen, als stellten wir uns eine glückliche Zukunft vor, aber glückliche Fantasien haben eine Kehrseite. Wann immer wir uns eine rosige Zukunft vorstellen, gibt es irgendwo in unseren Gedanken gewöhnlich auch ein Bild vom Gegenteil. Es ist dieses deprimierende Bild, das nach intensiven Fantasien des glücklichen Bildes verlangt. Beide hängen voneinander ab, und so müssen wir uns beide ständig vorstellen.

Die meisten schrecklichen Dinge, über die wir uns Sorgen machen, treten nie ein, und selbst wenn das doch der Fall sein sollte, machen unsere Sorgen die Situation nicht besser. Mit sorgenvollen Gedanken und Geschichten, in denen wir uns selbst erzählen, was uns fehlt, leugnen wir in gewisser Weise, dass es uns im Augenblick wirklich gut geht. Zusätzlich zu unserer gewohnheitsmäßigen geistigen Konditionierung, die uns von der Wahrnehmung der lebendigen Gegenwart ablenkt, trauen wir uns vielleicht auch nicht so recht, in der lebendigen Gegenwart zu leben, weil wir denken, unser Dasein könnte, wenn wir uns wirklich darauf einließen, geradezu unerträglich schön sein.

Es gibt eine Geschichte über einen jungen Mann, der vor fast zwei Jahrhunderten in Oxford sein Examen in Religionswissenschaften ablegte. Er und seine Kommilitonen sollten über die spirituelle Bedeutung des Wunders schreiben, bei dem Jesus Wasser in Wein verwandelte. Zwei Stunden lang füllten alle anderen Studenten eifrig Seite um Seite mit ihren Gedanken. Der junge Mann jedoch starrte fast die ganze Zeit aus dem Fenster des Prüfungsraumes. Als die vorgegebene Zeit fast abgelaufen war, kam der Aufseher zu ihm und verlangte, er solle endlich anfangen zu schreiben, oder er würde das Examen nicht bestehen. Der junge Mann, der zufällig Lord Byron war, nahm seine Feder und schrieb nur eine einzige Zeile: »Das Wasser erkannte seinen Meister und errötete.«

Manchmal erröten wir angesichts unserer eigenen Schönheit und Güte. Wir geben vor, weniger zu sein, als wir sind, und uns über Dinge Sorgen zu machen, die im Augenblick gar nicht geschehen, sich aber in Zukunft ereignen könnten oder in der Vergangenheit passiert sind. Wir fühlen uns vielleicht nicht ganz wohl dabei, jemand zu sein, dem es einfach gut geht. Dieses Unbehagen könnte aus unseren eigenen inneren Gewohnheiten des Unglücklichseins stammen oder mit den Menschen in unserer Umgebung zu tun haben.

In den Dharma-Dialogen haben viele Leute von alten Freunden berichtet, mit denen sie jetzt lieber nicht mehr so oft zusammen sein wollten. Die Freundschaften hatten darauf basiert, dass sie sich gegenseitig von ihren Problemen erzählten, und sie hatten sich meist nur getroffen, um über ihr Elend zu lamentieren. Wenn nun einer von ihnen kein Interesse mehr an imaginären Problemen hat, wird es für den weiter jammernden anderen peinlich, an seiner Geschichte festzuhalten, während es für seinen alten Freund ermüdend ist, diese Geschichte weiter anzuhören. Ich habe Menschen erlebt, die beim Erwachen in die klare, lebendige Gegenwart feststellten, dass sie nicht mehr in ihren früheren Bekanntenkreis gehörten, und manchmal sogar den Kontakt zu ihren ehemaligen besten Freunden verloren. Wir mögen zwar jeden, der uns auf unserer Reise ein Stück begleitet hat, weiterhin lieben, aber es ist nicht nötig, dass wir noch Zeit mit denen verbringen, die sich schreckliche Bilder vorstellen wollen. Wie der verstorbene Ken Keyes vor vielen Jahren sagte: »Liebe muss nicht zwangsläufig zu Anteilnahme führen.« Wir können immer zur Verfügung stehen, um unseren Freunden zu helfen, aber im erwachten Bewusstsein ist es nicht mehr möglich, sich aus reiner Kameradschaftlichkeit in Wehklagen zu suhlen.

Wenn wir echt und unverfälscht sind, tun wir nicht mehr so, als seien wir unglücklich. Wir sind zwar nicht immer voller Ekstase (obwohl manche auch das sind), aber wir empfinden ein grundlegendes Wohlgefühl in unserem Dasein. In unserer Vergesslichkeit tun wir so, als sei das Leben schwer und unser Alltag eine Art Härtetest. Wir vergessen unser inneres Leuchten, wie sehr wir lieben und geliebt werden. Ungeachtet dessen würden viele von uns alles tun, um ihr Leben zu verlängern. Die Wahrheit ist, dass wir gerne leben. Wenn die Auslöschung unserer Existenz droht, dann wird sehr deutlich, wie sehr wir unser Dasein lieben. Im erwachten Bewusstsein erinnern wir uns jeden Tag an diese Liebe zum Dasein. Uns ist zwar klar, dass es Probleme im Leben gibt und dass die Welt ein gefährlicher Ort sein kann, aber wir wissen auch, wie sehr wir uns an ihr freuen und wie fantastisch es ist, ihre Wunder mit allen zu teilen, die sie feiern. Vielleicht fühlen wir uns von so viel Schönheit eingeschüchtert, aber wir wenden uns nicht ab. Wir tun nicht so, als sähen wir sie nicht. Wir tun nicht so, als wäre das nicht unser wahres Wesen.

Unterscheidungsfähigkeit

Später am Nachmittag ruhte sie sich im Schutz eines großen Baumes aus und nahm bewusst die vielen Schatten wahr, die die Zweige und Blätter um sie herum auf den Boden warfen. Ihre Silhouetten bewegten sich auf der ebenen Fläche hin und her, weil der Wind oben durch den Baum wehte. Fasziniert beobachtete sie dieses Spiel von Licht und Schatten, während sie über die Polarität von Gegensätzen nachdachte. Sie wusste, dass Gegensätze nur verschiedene Punkte eines Spektrums sind, das ein Ganzes bildet. Sie wusste, dass Gegensätze aus der Einheit hervorgehen. Aber während sie die klar umrissenen Formen beobachtete, die von Licht und Schatten erzeugt wurden, stellte sie auch fest, dass ihre eigene Fähigkeit, deren Polarität zu erkennen, gewachsen war. Alle Unterscheidungen von diesem *und* jenem *erfasste sie in deutlichen Konturen, obgleich sie ihrem Wesen nach eins waren. Ihr Bewusstsein gestattete ihr jetzt, klar zu differenzieren und dabei gleichzeitig die fundamentale Einheit zu begreifen.*

Früher war diese Art von Unterscheidungsfähigkeit durch ihre Begeisterung für das Denken behindert worden. Sie war so mit ihren Gedanken beschäftigt gewesen, dass sie nicht hatte sehen können, was sich direkt vor ihren Augen be-

fand. Damals hatte sie auch alles, was geschah, im Hinblick auf ihre Suche interpretiert. Die Ereignisse ihres Lebens – ihre Reisen, Freundschaften, Arbeiten und Studien – waren in ihren Gedanken nur der Hintergrund für das eine entscheidende Ziel gewesen – die Suche. Ihre Beobachtungsgabe war manchmal dadurch geschwächt worden, dass sie die Welt nur in Bezug auf ihre Suche gesehen hatte.

Nun war die Suche entfallen und sie konnte alles in großer Klarheit wahrnehmen. Was sie sah oder fühlte, interpretierte sie nicht mehr im Hinblick mit der Hoffnung, dass etwas in der Zukunft geschehen könnte, oder aus der Furcht, dass es sich nicht ereignen würde. Weil sie sich jetzt vollständig fühlte, wünschte sie die Realität nicht mehr anders, als sie war, und deshalb konnte sie alles klarer sehen.

Der Wind frischte plötzlich auf, und die Schatten begannen zu tanzen und zu zucken. Sie waren länger geworden und zeigten dadurch an, dass die letzten Stunden des Tageslichts gekommen waren. Sie erhob sich, um die Sonne und den Wind auf ihrem Gesicht zu spüren. Während sie auf den Fluss zuging, mischte sich das Krächzen eines Vogels mit dem Rauschen des stärker werdenden Windes und behielt doch seinen eigenen durchdringenden Klang.

Wie es ist

Einer meiner Freunde, der eine leitende Position in der Filmindustrie hat und daran gewöhnt ist, sechzig Stunden in der Woche zu arbeiten, erzählte mir, er sei vor einigen

Jahren mit seiner Familie an einen tropischen Urlaubsort gefahren, um dort eine dringend benötigte Ruhepause einzulegen. Weit weg von Telefonen, Computern, Faxgeräten und E-Mails begann er, sich dem gemächlichen Tempo der Insel anzupassen. Als er ungefähr am fünften Urlaubstag seinen schlafenden Sohn im Kinderwagen über einen schattigen Weg schob, bemerkte er den Gesang der Vögel, die dort in den Bäumen saßen. Er hielt an und stand ganz still, das Baby im Wagen vor sich, und lauschte intensiv den Vögeln, deren Stimmen er jetzt zum ersten Mal wahrnahm. Im selben Moment fragte er sich, ob sie an den vorangegangenen fünf Tagen genauso gesungen hätten, aber ihm war sofort klar, dass die Vögel natürlich die ganze Zeit da gewesen waren. Er dagegen war gerade erst angekommen.

Wenn wir von unseren Gedanken besessen sind, können wir oft nicht klar sehen oder hören, was sich direkt vor uns befindet. Die Bilder und Stimmen in unserem Kopf, die zwar nicht der Wirklichkeit entsprechen, uns jedoch vollkommen real erscheinen, machen uns blind und taub. Wir handeln dann ausschließlich aufgrund unserer Vorstellungen.

Mit seinem klaren Unterscheidungsvermögen nimmt das erwachte Bewusstsein unsere tatsächlichen Erfahrungen wahr. Die Fähigkeit, auftauchende Gedanken und Emotionen ihrem Wesen nach zu unterscheiden, erlaubt uns, selbst darüber zu bestimmen, wie viel Aufmerksamkeit wir ihnen widmen wollen. Dank der Unterscheidungsfähigkeit können wir letzten Endes auch zwischen Leiden und Frieden wählen.

Solche Klarheit ist die natürliche Folge eines ruhigen Herzens und Geistes. Es bedarf keiner intellektuellen Anstrengung, unterscheidungsfähig zu werden. Wir brauchen uns nicht darum zu bemühen, die Realität zu sehen; sie scheint durch uns hindurch. Wie Zen-Meister Suzuki Roshi sagt: »Wenn dein Geist klar ist, gehört dir schon die wahre Erkenntnis.«

Das Brettspiel Go besteht aus einem Holzbrett mit Karomuster, auf dem schwarze und weiße Steine an den Schnittpunkten platziert werden, ein Stein nach dem anderen, um das Feld zu kontrollieren. Das Klicken der Steine auf dem Brett – schwarz, weiß, schwarz, weiß – klingt scharf und passt perfekt zu dem Anblick, den das Brett selbst bietet. Schwarze und weiße Steine liegen eindeutig unterscheidbar nebeneinander, so klar und deutlich wie nur möglich.

Dennoch sieht ein unerfahrener Go-Spieler oft nur das, was er sehen will, dass er nämlich seinen Gegner einkreist, während dieser in Wirklichkeit dabei ist, ihn einzukreisen. Es ist alles deutlich zu sehen, buchstäblich in Schwarz und Weiß, aber unsere Wünsche verzerren häufig die Realität. Wie der chinesische Philosoph Chuang Tse über einen Bogenschützen sagt, der allzu stark auf sein Ziel fixiert ist: »Das Bedürfnis zu gewinnen raubt ihm die Kraft.« Ein großer Meister des Go-Spiels blickt realistisch auf das Brett und weiß genau, wer wen einkreist. Auch er will gewinnen, aber er ist nicht darauf fixiert; er konzentriert sich ganz auf das, was in diesem Augenblick geschieht.

Das erwachte Bewusstsein sieht klar, weil ihm die Wahrheit über alles geht, auch dann, wenn das Erkennen der Wahrheit bedeutet, dass man sich mit Schwierigkeiten auseinander setzen muss. Wir haben vielleicht Probleme, und die Situation mag schmerzlich sein, aber wir leugnen nicht deren Wahrheit.

Denken wir beispielsweise an Leute, die nicht bereit sind, ihr Land oder ihren Besitz aufzugeben, und sich deshalb weigern, in einer gefährlichen Situation zu fliehen, weil sie nicht glauben, dass die Lage so schlimm ist, wie sie aussieht, oder weil sie hoffen, dass sie sich wieder bessert. Solche Entscheidungen haben schon manchen das Leben gekostet. Aber im Zustand klarer Unterscheidungsfähigkeit fürchtet man sich nicht, der Wahrheit ins Auge zu sehen. Vielleicht müssen wir unser Heim aufgeben. Vielleicht müssen wir alles aufgeben. Aber wir sehen die Ursachen und Folgen im Verlauf dieses Prozesses ganz klar. Wir können uns der Wahrheit der Situation stellen, weil der damit einhergehende innere Frieden den Schmerz des Verlustes lindert.

Das Unterscheidungsvermögen wird geschwächt, wenn wir in einer Situation auf ein anderes Bild hoffen oder der gegenwärtigen Lage Widerstand entgegenbringen, wenn wir also, mit anderen Worten, eine Geschichte der Hoffnung oder Furcht haben, die wir der Realität überstülpen, und alles im Hinblick auf diese Geschichte interpretieren. In unserer Verwirrung können wir uns selbst nicht gestatten, eine Wahrheit zu sehen, die unserer Geschichte widerspricht. Das erwachte Bewusstsein schaut dagegen die Realität unverwandt an und erzählt keine Geschichte darüber.

Es beschäftigt sich einfach mit der existierenden Situation, so wie sie ist.

Die Sufis sagen: »Was du bei einem Schiffbruch verlieren kannst, gehört nicht dir.« Da wir bei einem Schiffbruch so ziemlich alles verlieren können, einschließlich unseres Körpers, sieht es so aus, als gäbe es nichts, was wirklich uns gehört. Es gibt jedoch eine lebendige Gegenwart, von der wir ein Teil sind. Sie ist nichts Persönliches, sondern die Lebendigkeit des Daseins selbst. Sie kann auch bei einem Schiffbruch nicht verloren gehen und ist deshalb unser einziger wirklicher Reichtum. Wenn wir das wissen, empfinden wir die Manifestationen des Ganzen als die vielfältigen Ausdrucksformen unseres Selbst, und wir fühlen uns privilegiert, das großartige Schauspiel des ständigen Kommens und Gehens beobachten zu dürfen.

Das klare Unterscheidungsvermögen entsteht, wenn wir uns auf diese Weise vollständig fühlen und nicht das Bedürfnis haben, die Realität unseren Fantasien anzupassen, um glücklich sein zu können. Die Realität ist auch ohne unser Zutun wunderbar genug. Und obwohl es nur menschlich und vernünftig ist, Wünsche und Präferenzen zu haben, weiß das unterscheidungsfähige Bewusstsein, dass wir manches gewinnen und manches verlieren, aber weder Gewinne noch Verluste unseren inneren Frieden beeinträchtigen müssen. Wir können eine lockere Beziehung mit unseren Präferenzen pflegen, je lockerer desto besser, denn das fördert die Klarheit bei der Einschätzung jeder Situation. Es fördert außerdem das Vertrauen. Vertrauen entsteht aus dem Wissen, das es uns gut gehen wird, ganz gleich, wie sich die Dinge entwickeln, dass wir in jedem Sturm des Lebens unseren inneren Frieden bewahren werden. Eine lockere Beziehung zu unseren Präferenzen erlaubt uns, mit jeder Strömung zu schwimmen. Manchmal entwickeln sich die Dinge völlig unerwartet sehr viel schöner, als wir es uns je vorgestellt haben, schöner, als wir es uns gewünscht haben. Dann wieder tauchen aus dem Nichts Schwierigkeiten auf. Aber in jedem Fall können wir darauf vertrauen, dass der tiefe Frieden des Daseins uns durch jede Situation leiten wird.

Es gibt eine Geschichte von einem Zen-Meister, der allein am Rande der Stadt wohnte. Eine junge, unverheiratete Frau in der Stadt war schwanger geworden, und da sie den wirklichen Vater aus Furcht vor Repressalien nicht nennen wollte, behauptete sie, der Zen-Meister habe das Kind gezeugt. Die Einwohner der Stadt waren außer sich vor Zorn und beschlossen, dem Meister das Baby zu bringen, damit er die Verantwortung für dessen Erziehung übernahm. Der Zen-Meister verneigte sich, nahm das Baby an und erzog es mit all der Liebe, die er hatte. Nach zehn Jahren widerrief die Frau ihre Geschichte und kam, um das Kind zurückzufordern. Der Zen-Meister verneigte sich schweigend und übergab das Kind seiner Mutter.

In der Freude über ein schönes Ereignis und in der Trauer über einen Verlust gibt es eine gleich bleibende Hingabe an den Frieden, der nie von irgendetwas berührt werden kann, an die Stille, die auch in den wildesten Lebensumständen vorhanden ist. Wir akzeptieren das Leben, so wie es sich entfaltet, statt unseren Wünschen nachzujagen oder das wegzuschieben, was sich gerade präsentiert. Mit anderen Worten: Wir ergeben uns in das, was ist. Und in dieser Hingabe gibt es keine verpassten Gelegenheiten.

Zu akzeptieren, was ist, hat nichts mit Passivität oder mangelndem Engagement für das Leben zu tun. Wenn es notwendig ist zu handeln, dann handeln wir. Man mag sich für die Rettung des Regenwaldes einsetzen oder heiraten und Kinder bekommen oder sich in ein Kloster zurückziehen. Was immer geschieht, wird als Entfaltung von Ereignissen betrachtet, während die Aufmerksamkeit in der Stille ruht, die nicht davon abhängig ist, dass ein bestimmtes Ereignis eintritt, um uns glücklich zu machen.

Wenn wir uns auf diese Weise dem Leben hingeben, stellen wir fest, dass wir mit dem Strom der Ereignisse schwimmen. Das Gefühl der Hingabe selbst ist süß, so als würde man flussabwärts treiben. Es spielt keine Rolle, ob wir uns um ein neugeborenes Baby oder unseren sterbenden Vater kümmern; unsere innere Erfahrung kann die einer Energie sein, die durch uns hindurchströmt und allem mit diamantener Klarheit begegnet. Unsere persönlichen Bedürfnisse verschmelzen mit diesem Strom, und wir stellen fest, dass wir ja dazu sagen. Ja zu allem, was ist.

Jenseits der Biologie

Vor einigen Jahren flog ich in einem kleinen, achtsitzigen Flugzeug zur Insel Molokai, einer der weniger bevölkerten hawaiischen Inseln. Zehn Minuten vor der Landung gerieten wir in einen heftigen Wirbelsturm. Der junge Pilot der kleinen Chartergesellschaft wirkte nervös und schaffte es kaum, die Maschine unter Kontrolle zu halten, während wir weiter auf unser Ziel zuflogen. Hin und wieder konnte ich durch aufreißende Wolken einen kurzen Blick auf Molokai erhaschen. Die Landebahn war von Bergen umgeben, die uns nur eine einzige Einflugschneise ließen. Bei einem Fehler würden kaum Ausweichmöglichkeiten bleiben, dachte ich, während der Sturm die Maschine zwischen zuckenden Blitzen und Donnergrollen hin und her warf.

Die ersten beiden Landeanflüge misslangen, und jedes Mal kreisten wir nahezu ohne Sicht um Felszacken, die in den Himmel ragten. Ich hatte das Gefühl, das Flugzeug könnte jede Sekunde gegen einen von ihnen krachen und explodieren.

Das Adrenalin schoss so heftig durch meinen Körper, dass mir fast übel wurde. Der vom Kampf- oder Flucht-Reflex ausgelöste Hormonstoß ist das Letzte, das man in einer Situation brauchen kann, in der man mit Sicherheitsgurten an einen Sitz gefesselt ist. Ich saß da, spürte den Stress der Furcht auslösenden chemischen Botenstoffe, die durch meinen Körper schossen, und hatte nur den einen brennenden Gedanken: »Auf diese Weise will ich nicht sterben.«

Gleichzeitig empfand ich aber auch eine seltsame Ruhe, eine Art Zeugenbewusstsein während des ganzen Aufruhrs. Es war so, als würde das Ereignis auf zwei Ebenen stattfinden: auf der biologischen Ebene, wo Furcht und der Wunsch zu überleben alles andere dominierten, und auf einer zweiten Ebene, wo ein tieferes Bewusstsein das ganze Schauspiel friedlich beobachtete. Es ist diese zweite Ebene des Zeugenbewusstseins, die uns in allen kritischen Situationen stabilisieren kann. Sie ist immer vorhanden; wir müssen nur darauf achten. Die biologische Ebene der Wahrnehmung reagiert auf ihre eigene Weise. Aber das erwachte Bewusstsein konzentriert sich klar auf die Situation und hat einen beruhigenden Einfluss auf die intensive Körperreaktion.

Als ich nach der Landung auf mein Gepäck wartete, fühlte sich mein Körper verbraucht und schlaff an wie eine Stoffpuppe. Auch mein emotionaler Körper war erschöpft von den Gedanken darüber, wie knapp wir gerade dem Tod entronnen waren. Diese Gefühle erschienen mir normal, sogar gesund. Der Organismus hatte angemessen auf eine bedrohliche Situation reagiert. Ich hatte keine »spirituelle« Geschichte darüber, dass es nicht in Ordnung war, intensive Furcht und einen starken Lebenswillen zu empfinden. Angesichts einer körperlichen Bedrohung Furcht zu empfinden, ist ein angeborener Reflex, der uns am Leben erhält, und der Lebenswille ist für jedes Geschöpf natürlich. Aber gleichzeitig gab es eine Ebene des Bewusstseins, die in vollkommenem Frieden verharrte und die körperlichen und emotionalen Reaktionen auf den Flug lediglich zur Kenntnis nahm.

Das unterscheidende Bewusstsein erkennt den mächtigen Einfluss der Biologie auf das menschliche Verhalten. Von Geburt an zeigen wir Reaktionen, die sich mit denen aller Menschen auf der Welt decken. Das faszinierende neue Gebiet der Evolutionspsychologie, die Untersuchung der genetischen Konditionierung des Verhaltens, spürt unsere tiefsten instinktiven Impulse auf und verbindet fast alle von ihnen mit unserer Fähigkeit, zu überleben und unsere Gene weiterzugeben. Tatsächlich scheint die Weitergabe von Genen die treibende Kraft zu sein, die nach den Erkenntnissen der Evolutionspsychologie allem zugrunde liegt, was wir sagen, tun und denken. Die Wissenschaftler betrachten das Gehirn als »Biocomputer«, dessen Schaltkreise so programmiert sind, dass sie auf Informationen aus der Umwelt reagieren, wobei das Hauptziel darin besteht, am Leben zu bleiben und die eigenen Gene weiterzugeben. Die Evolutionspsychologie sieht uns demnach, anders ausgedrückt, als komplexes Beförderungsmittel für Gene.

So überzeugend diese Sichtweise auch sein mag (bei genauer Betrachtung schließt sie fast jedes Schlupfloch, das man sich vorstellen kann), bleiben doch noch viele Fragen offen. Wie Francis Collins, der Leiter des Human Genome Projektes, sagt: »Wir werden so wichtige Dinge wie ›Liebe‹ nicht dadurch verstehen, dass wir die DNA-Sequenz des Homo sapiens kennen.«

Wir könnten beispielsweise überlegen: Welche Intelligenz steckt hinter der DNS? Und gibt es irgendeine Art von Bewusstsein, die nicht streng auf biologischen Imperativen basiert? Wir könnten sagen, dass das erwachte Bewusstsein eine Intelligenz ist, die mit dem DNS-Programm koexistiert. Deshalb kann es Zeuge des biologisch gesteuerten Verhaltens sein, ist diesem jedoch nicht sklavisch untergeordnet.

Gleichwohl ist uns klar, dass das biologische Programm einen enormen Einfluss auf das Verhalten hat und nicht unterschätzt werden darf. Unsere grundlegenden Triebe – Konkurrenzverhalten, die anziehende Wirkung von Schönheit oder Macht, Selbstschutz, Zorn und Eifersucht – haben eine genetische Basis, und wir teilen sie auf verblüffende Weise mit anderen Primaten, deren Genom mit unserem fast identisch ist. (Schimpansen und Menschen haben beispielsweise zu mehr als 98 Prozent dieselbe DNS.) Ich habe oft beobachtet, wie die wild auf den Straßen Indiens lebenden Affen menschliche Verhaltensmuster zeigten, die allerdings mit sehr viel größerer Geschwindigkeit ablaufen; in einer Minute streiten sie sich über Futter oder irgendwelche Kleinigkeiten, im nächsten Moment kopulieren sie, und kurz darauf springen sie einen erschrockenen Touristen an, um ihm eine Banane aus der Hand zu reißen.

Die Beobachtung von Affen kann irritierend sein, weil es so leicht ist, sich mit ihren selbstsüchtigen Urtrieben zu identifizieren. Wir Menschen richten unser Verhalten nach sozialen Regeln, und Strafandrohungen verhindern, dass wir auf ähnliche Weise unsere ursprünglichen Triebe ausleben, aber wir alle wissen, dass solche Abschreckungsmittel nicht immer funktionieren. Manchmal nehmen wir mehr, als uns zusteht, lügen, wenn wir es für notwendig halten, oder schlafen mit dem Mann unserer besten Freundin. Wir sehen, wie erfolgreiche Männer, sogenannte Alphamänner (mit diesem Ausdruck bezeichnete man ursprünglich dominante männliche Gorillas), durch die Welt stürmen und sich nehmen, was immer sie wollen, und vielleicht bewundern wir sie insgeheim dafür. Zumindest können wir uns mit diesen Impulsen identifizieren, denn sie sind Teil unseres eigenen Überlebens- und Fortpflanzungsprogramms. Sie zu leugnen wäre unaufrichtig. Frömmigkeit zu heucheln, wenn wir wissen, dass unsere biologischen Impulse grundlegend selbstsüchtig sind und dass wir während des größten Teils unseres Lebens von Lüsternheit getrieben werden, ist scheinheilig. Die rastlosen und selbstsüchtigen Motivationen, die sich in einem Affenhirn abspielen, sind jedem Menschen ziemlich vertraut, und nicht Frömmigkeit, sondern Demut scheint die einzige vernünftige Antwort darauf zu sein.

Mit einem klaren Unterscheidungsvermögen erkennen wir die in der Biologie begründeten Urtriebe leicht. Viele dieser Impulse sind überlebensnotwendig. Wenn wir hungrig sind, essen wir; wenn wir durstig sind, trinken wir; wenn wir müde sind, schlafen wir, und so weiter. Das sind keine komplizierten Zusammenhänge. Das erwachte Bewusstsein mischt sich nicht großartig ein, wenn unser biologisches Programm sich um diese Überlebensnotwendigkeiten kümmert, genauso wenig, wie es sich einmischt, wenn wir niesen. Darüber muss man nicht lange nachdenken. Im Grunde lässt uns das erwachte Bewusstsein uneingeschränkt die Tiere sein, die wir in unseren körperlichen Bedürfnissen sind, und hat es nicht nötig, diese animalischen Bedürfnisse mit Geschichten oder Philosophien zu verbrämen. Es gesteht den biologischen Instinkten die volle Herrschaft über den Körper zu, denn sie sind für diese Aufgabe am besten geeignet.

Das unterscheidungsfähige Bewusstsein achtet aber aufmerksam auf die genetische Konditionierung, die Selbstschutztendenzen in reine Selbstsucht verwandeln kann. Es kann über die Bedürfnisse der individuellen Biologie hinaussehen und diese vollständig in einen größeren Kontext einfügen. Das Unterscheidungsvermögen weiß nicht nur, welche Fürsorge der Organismus braucht, der *ich* genannt wird, sondern sorgt auch für andere Kreaturen und die Umwelt, in der wir alle leben. Diese Fürsorge ist darauf ausgerichtet, dem Gemeinwohl zu dienen, und deshalb wird das unterscheidende Bewusstsein auch bereit sein, persönliche Opfer zu bringen, wenn dadurch für die Gesamtheit ein größeres Ziel erreicht werden kann. Eigentlich empfindet das klare Unterscheidungsvermögen dies gar nicht als Opfer. So wie eine Mutter bei Nahrungsmangel erst ihr Kind füttert, bevor sie selbst isst, stellt das unterscheidende Bewusstsein das Gemeinwohl ganz natürlich an die oberste Stelle.

Bisweilen kann das Bewusstsein irregeleitet sein und zu *wenig* für sich selbst sorgen. Es gibt Geschichten über spirituelle Lehrer, die ihrem Körper so wenig Aufmerksamkeit geschenkt haben, dass ihnen nicht einmal aufgefallen ist, wenn sie sich verletzt hatten oder bluteten. Manche Menschen geben und geben, bis sie zusammenbrechen. In solchen Fällen müssen andere dann die Rolle des Fürsorgers übernehmen. Die eigenen Bedürfnisse zu vernachlässigen ist ebenso Ausdruck eines Ungleichgewichtes wie die rein egozentrische Sicht des »Ich zuerst«.

In vielen Lehren gilt das Ignorieren körperlicher Bedürfnisse als höhere Stufe und Zeichen spiritueller Entwicklung. Aber diese Sichtweise wirkt veraltet. Sie stammt überwiegend aus Kulturen, die stark auf Transzendenz ausgerichtet waren. Sie wollten dieser Welt entkommen und in ein Jenseits eingehen, das sie sich als höhere Sphäre vorstellten. Indem sie alles materielle Leben als illusionär betrachteten, distanzierten sie sich von ihrem eigenen Körper. In anderen auf Transzendenz gerichteten Traditionen haben die Menschen sogar tatsächlich ihren Körper verletzt in dem Versuch, »das Fleisch zu töten, um den Geist zu befreien«. Auch sie wollten sich von ihrem Körper und seinen Bedürfnissen distanzieren.

Im erwachten Bewusstsein respektieren wir die Bedürfnisse des Körpers und genießen körperliches Vergnügen. Aber gleichzeitig schließt unser unterscheidungsfähiges Bewusstsein eine umfassendere Sichtweise ein, bei der auch das Wohlergehen anderer zu seinen Motivationen gehört. Dieses Unterscheidungsvermögen ermöglicht ein natürliches Gleichgewicht zwischen der Fürsorge für sich selbst und andere, und es erkennt, wenn dieses Gleichgewicht gestört ist. Wenn der Fürsorger Ruhe braucht, dann ruht er. Wenn er von Ruhe und Wohlbefinden erfüllt ist, gibt er alles wieder her.

Keine Überzeugungen

> *»Der große Feind der Wahrheit ist oft nicht die Lüge, die gezielt, gekünstelt und unaufrichtig ist, sondern der Mythos, der dauerhaft, durchdringend und unrealistisch ist.«*
>
> JOHN F. KENNEDY

1983 interviewte ich im Auftrag des *East/West Journal* Jiddu Krishnamurti in New York. Als ich eine Frage mit den Worten begann: »Sir, glauben Sie …«, unterbrach er mich mitten im Satz mit erhobener Hand und sagte: »Ich glaube an gar nichts.« Als ich das hörte, fühlte ich mich im ersten Moment abgestoßen. Wie war das möglich? Unser Weltbild basiert größtenteils auf Glauben und Überzeugung. Aber dann dachte ich: Wieso eigentlich nicht? Wir könnten nicht nur ohne Glauben und festgefügte Überzeugungen leben, sondern auch sehr viel klarer sehen, wenn wir uns ausschließlich auf unsere Erfahrung verließen. Wir würden die Wirklichkeit dann nicht mehr im diffusen Licht des Dogmas sehen. Wir kennen unsere eigene Erfahrung, weil wir sie erlebt haben. Reine Erfahrung, ohne Überzeugungen und Interpretationen, ist alles, was wir zur Klarheit brauchen.

Wir schätzen auch Menschen, die aus direkter Erfahrung und nicht aus einem System von Überzeugungen heraus sprechen. Welch ein Unterschied ist es, jemandem zuzuhören, der beschreibt, was er selbst erlebt und gefühlt hat, verglichen mit einem anderen, der lediglich eine theoretische Vorlesung hält. Wer aus der Erfahrung seines eigenen Lebens spricht, strahlt eine spürbare Autorität aus. Wie Poonjaji sagen würde: »Ein wahrer Lehrer vermittelt dir nur seine eigene Erfahrung; alle anderen sind Prediger.«

Das unterscheidungsfähige Bewusstsein hilft uns, das Wahre vom Falschen zu trennen. Wir wachsen in einer bestimmten Zeit und Kultur auf, erben die Mythen dieser Kultur und stellen sie oft gar nicht infrage. Aber wir können die Verbindlichkeit dieser Mythen leicht prüfen, indem wir uns aufrichtig fragen: Habe ich das selbst direkt erfahren, oder habe ich es nur viele Male gehört?

Der moderne Begriff »kultureller Relativismus« wird oft in der Weise verstanden, dass die Wahrheit von der jeweiligen kulturellen Konditionierung eines Menschen abhängt. Wenn eine Kultur denkt, dass die Erde vor zehntausend Jahren vom Sonnengott geschaffen wurde, dann ist das für die kulturellen Relativisten so wahr wie jeder andere Mythos. Sie meinen, dass die Entdeckungen der Wissenschaft nicht mehr Gültigkeit haben als die Mythen bestimmter Kulturen. Sogar angesichts von Beweisen oder Daten aus vielen verschiedenen Quellen sind sie unfähig oder nicht bereit, von ihren Überzeugungen abzurücken.

Moralischer Relativismus ist sogar noch fragwürdiger. Die immer noch millionenfach praktizierte Sitte der Klitorisbeschneidung wird oft aus Gründen des moralischen Relativismus verteidigt, und dasselbe gilt für zahllose andere Brutalitäten, die sich gegen Menschen oder andere Geschöpfe richten. Bei der barbarischen Klitorisbeschneidung, die vorwiegend an jungen Mädchen durchgeführt wird, müssen die schreienden Opfer mit Gewalt festgehalten werden, weil sie sich heftig gegen die Verstümmelung wehren. Im schlimmsten Fall kommt es dabei zu massiven Infektionen oder Todesfällen; alle auf diese Weise verstümmelten Mädchen und Frauen sind für den Rest ihres Lebens nicht mehr fähig, sexuelles Vergnügen zu empfinden.

Wir sprechen zwar keiner Kultur das Recht ab, nach ihren Überzeugungen zu leben, aber es kommt immer darauf an, ob bei diesen Praktiken jemand verletzt wird. Das Einbinden der Füße bei chinesischen Frauen wurde schließlich als die grausame Sitte erkannt, die es in Wahrheit war. *Sati*, die Jahrhunderte alte kulturelle Praxis indischer Witwen, sich bei lebendigem Leib gemeinsam mit ihren verstorbenen Ehemännern auf dem Scheiterhaufen verbrennen zu lassen, wurde schließlich vom Gesetzgeber verboten; und die Sklaverei ist heute in der zivilisierten Welt undenkbar. Diese und Hunderte ähnlicher Beispiele zeigen, dass der Widerstand gegen Überzeugungen, wie stark sie auch kulturell verankert sein mögen, der erste Schritt zur Veränderung ist.

Wer trotzdem behauptet, Recht und Unrecht seien beliebige Werte, dem möchte ich die Worte des koreanischen Zen-Meisters Seung Sahn entgegenhalten: »Es gibt kein Recht und kein Unrecht, aber Recht ist Recht und Unrecht ist Unrecht.« Wir erkennen Recht und Unrecht in unserem eigenen Herzen. Trägt eine Handlung zu Liebe und Güte bei, oder verursacht sie Schmerz und Leiden?

Während wir bestimmte Überzeugungen eindeutig als kulturell bedingt erkennen, sind andere schwerer zu identifizieren. Im erwachten Bewusstsein trennt unser eigenes Unterscheidungsvermögen sorgfältig zwischen dem, was wahr ist, und dem, was für wahr gehalten wird. Da das Unterscheidungsvermögen es nicht nötig hat, an einer vorgefassten Idee festzuhalten, lässt es bereitwillig jede Arbeitshypothese wissenschaftlich überprüfen. Kommen verschiedene Forscher an verschiedenen Orten und zu verschiedenen Zeiten bei ihren vorurteilsfreien Experimenten zu übereinstimmenden Ergebnissen? Oder beruht die Hypothese vorwiegend auf Interpretationen subjektiver Erfahrungen, wenn beispielsweise jemand behauptet, er oder sie könne sich daran erinnern, in einem früheren Leben Kleopatra gewesen zu sein? Die reine Erfahrung bestand vielleicht aus intensivem Denken an Kleopatra und einer Identifikation mit ihr. Möglicherweise hat diese Person in Gedanken Bilder von Wandfliesen, Wassergefäßen oder Statuen gesehen. Aber solche bildhaften Vorstellungen so zu interpretieren, dass man meint, man sei tatsächlich Kleopatra gewesen, ist reine Fantasterei.

Menschen halten aus Bequemlichkeit an ihren Überzeugungen fest. Um ihre Furcht vor dem Unbekannten zu beschwichtigen und ein Gefühl von Kontrolle über das eigene Leben zu erreichen, wenden sie sich an Hellseher und Kartenleger, praktizieren alle möglichen fragwürdigen Selbsthilfemaßnahmen und Übungen zur Förderung der Gesundheit, rennen Gurus hinterher oder nehmen an Ufo-

Konferenzen teil, wo sie Geschichten von Leuten hören, die angeblich Kontakt zu Außerirdischen haben.

Im erwachten Bewusstsein haben wir nicht das Bedürfnis, die Naturgesetze zu beugen (und glauben auch nicht daran, dass so etwas möglich ist). Das Leben, so wie es ist, ist wunderbar genug. Wenn wir darauf achten, geschehen die Wunder direkt vor unseren Augen. Das Baby macht seine ersten Schritte und zeigt damit, dass die genetischen Anweisungen, die seit mehreren hunderttausend Generationen kopiert werden, perfekt funktionieren. Welche erstaunliche Intelligenz zeigt sich in dieser Meisterleistung? Wenn wir einen Moment innehalten, um über die Wunder des Daseins nachzusinnen, über unser eigenes Leben, das sogar für uns selbst ein geheimnisvolles Universum darstellt, dann brauchten wir uns nicht mehr von Zaubertricks unterhalten zu lassen. Wir werden verstehen, was Walt Whitman meinte, als er sagte: »Für mich ist jeder Augenblick des Tages und der Nacht ein unaussprechlich perfektes Wunder.«

Von allen Überzeugungen sind jene, die uns die Religionen anbieten, sicher die zwingendsten, weil sie uns ein Leben nach dem Tod versprechen. Dieses Versprechen scheint in der Tat im Zentrum der meisten Religionen zu stehen, und viele fordern enorme Opfer in diesem Leben und üben großen Druck auf ihre Gläubigen aus, denen dafür als Belohnung ein angenehmes Leben im Jenseits versprochen wird. Ich frage mich jedoch oft, warum so viele Menschen, die behaupten, an ein wunderbares Leben im Jenseits zu glauben, sich nicht eifriger bemühen, dorthin zu gelangen. Man sollte meinen, sie würden sich in Scharen aufmachen, um diesem irdischen Jammertal zu entkommen, wenn sie sicher wüssten, dass sie auf der anderen Seite ihren Schöpfer treffen, wieder mit ihren verstorbenen geliebten Angehörigen vereint und in himmlischer Glückseligkeit leben würden. Vielleicht geht es diesen Menschen so wie mir, als ich solche hoffnungsvollen Gedanken hegte: Es bleibt immer ein nagender Zweifel. Dieser Zweifel ist ein Same der Unterscheidungsfähigkeit, mit deren Hilfe man erkennt, dass man einfach nicht weiß, was nach dem Tod geschieht.

Uns sind Glaubenssysteme überliefert worden, in denen primitive menschliche Gesellschaften, die nicht wussten, dass die Erde rund ist oder dass es Mikroben gibt, über die Ursprünge und den Sinn des Kosmos spekulierten. Die Menschen hatten im Allgemeinen nur eine kurze Lebenserwartung, waren meist ungebildet und reisten sehr wenig. Sie glaubten an Geister, Zaubersprüche und Hunderte anderer abergläubischer Vorstellungen. Es ist ziemlich unvernünftig zu meinen, diese Leute hätten mehr als wir in unserer modernen Zeit darüber gewusst, was nach dem Tod geschieht. Dass ein Mythos alt ist, macht ihn nicht wahr.

Die Hoffnung, auch nach dem Tod des Körpers noch weiter zu *existieren*, vernebelt unsere Unterscheidungsfähigkeit. Für viele Leute ist es tröstlicher, sich an den Glauben zu klammern, es gäbe nach dem Tod ein Leben im Himmel oder eine bessere Wiedergeburt auf Erden, als das Leben und den Tod im Sinne eines Mysteriums zu akzeptieren. Das unterscheidungsfähige Bewusstsein sorgt sich jedoch nicht darum, dass wir mit unseren Überzeugungen oder Mythen einen Trost verlieren. Trost, der auf Annahmen über die Zukunft beruht, ist imaginär.

Wir brauchen kein Glaubenssystem, um hier und jetzt eine leidenschaftliche Präsenz zu empfinden. Alles in diesem Leben wird wertvoller, wenn wir keine Vorstellungen darüber haben, wie es weitergeht. Wir vergeuden nicht mehr den Reichtum der Zeit, die wir tatsächlich haben, im Austausch für das Versprechen auf ein Leben in einer anderen Zeit. Stattdessen vertiefen wir uns voll in die wunderbare Gegenwart. Unsere Intelligenz wird weißglühend in ihrer Kraft, jede Überzeugung, die weiterhin in uns auftaucht, kritisch zu prüfen, und so leben wir in einem Zustand permanenter Unschuld.

Die Dinge ändern sich

> *»Allein die Veränderung verändert sich nicht.«*
>
> HERAKLIT

Wenn man seinen alten Heimatort besucht, dann findet man sich manchmal nicht mehr zurecht, weil die Straßen sich so verändert haben. Auf dem freien Platz, wo man als Kind Ball gespielt hat, steht jetzt ein Supermarkt. Man schaut in sein Adressbuch und sieht die Namen von mehreren Freunden, die schon gestorben sind. Man erblickt flüchtig sein eigenes Gesicht in der Scheibe eines Schaufensters und fragt sich, wer dieser ältere Mensch sein mag, der einem so ähnlich sieht.

Manchmal findet man hoch oben in den Bergen des Himalaja versteinerte Muschelschalen und Meerestiere als Hinweis darauf, dass diese Felsen einst den Meeresgrund bildeten. Und jeder Blick hinauf zum Nachthimmel erinnert uns an die Vergänglichkeit, denn manche der Sterne, die wir zu sehen meinen, existieren gar nicht mehr. Von ihnen blieb nur das Licht, das sie ausstrahlten und das nun durch den Weltraum reist. In gewisser Weise können wir so auch von uns selbst denken: Außer dem Licht, das wir ausstrahlen, lassen wir kaum etwas zurück. Manchmal, wenn wir sehr still sind, spüren wir vielleicht, wie es alles erleuchtet.

»Die Zeit ist ein Düsenjet; sie saust dahin. Ach wie schade, dass ich nicht von Dauer bin.« Bob Dylans Worte fassen unsere menschliche Zwangslage sehr genau zusammen. Wir werden uns von allem trennen müssen, was uns lieb und teuer ist. Aber sogar in der Trauer über den Verlust klammert sich das erwachte Bewusstsein nicht zu eng an das, was es liebt, weil es weiß, wie sinnlos das ist. Wir respektieren zwar die Trauer und empfinden sie tief, aber wir müssen sie nicht dadurch verschlimmern, dass wir uns gegen die grundlegendste Wahrheit wehren: Alles vergeht. Mein Lehrer hat einmal gesagt: » Der Weise wird vom Ewigen angezogen, während der Narr das Vergängliche sucht und deshalb von der Zeit gestraft wird.«

Kürzlich sah ich im Fernsehen ein Interview mit einem milliardenschweren Geschäftsmann. Der Mann war zu diesem Zeitpunkt etwa Mitte siebzig und beschrieb dem Interviewer aufgeregt seine Leistungen und seine langfristigen Pläne für Projekte, die sich über das nächste Vierteljahrhundert erstreckten. Der Interviewer fragte ihn geradeheraus, ob er in seinem Alter noch damit rechne, die Verwirklichung all seiner Träume zu erleben. Der Mann sah den Fragesteller völlig ungläubig an. Mit einiger Verachtung antwortete er dann, er habe vor, alle diese Projekte selbst zu überwachen, und er beabsichtige keineswegs, in absehbarer Zeit zu sterben.

Ich konnte mir nicht vorstellen, dass irgendjemand von durchschnittlicher Intelligenz sein Alter erreichen könnte, ohne dabei den sprichwörtlichen »Zahn der Zeit« zu bemerken, der auch an seinen körperlichen Kräften nagte. Seine Reaktion zeugt von einer enormen Verdrängung. Vielleicht hatte diese Verdrängung dem Milliardär dabei geholfen, sein Imperium aufzubauen. Vielleicht hatten ihn nie irgendwelche Gedanken über die Sterblichkeit oder Fragen nach seiner Identität und dem Sinn des Lebens von seiner Arbeit abgelenkt. Vielleicht ist der Drang selbst, ein solches Imperium zu errichten, ein Versuch, das Gesetz der Vergänglichkeit zu leugnen. Die Hoffnung, etwas »Dauerhaftes« zu hinterlassen, scheint eine Möglichkeit, das eigene Selbst über die Grenzen der Zeit hinaus auszudehnen, und sei es auch nur in Form des Namens. Aber den eigenen Namen posthum auf irgendwelchen Gebäuden, Plätzen, Museen, Straßenschildern oder Büchern »verewigt« zu haben, hat nichts mit Unsterblichkeit zu tun. Und unsere Welt wird immer mehr vollgepfropft mit den

Artefakten von Menschen, die damit ihre Spuren hinterlassen wollen. Wie Alan Watts einmal über den Einsatz des Ego für seine eigene Kontinuität bemerkte: »Das Gefühl, das Leben sei sinnlos, solange ›ICH‹ nicht dauerhaft sein kann, ist so, als würde man sich unsterblich in einen Zentimeter verlieben.«

»Perfektes Handeln hinterlässt keine Spur.« Diese taoistischen Worte kommen mir in den Sinn, wenn ich an meine Freundin Helen Nearing denke. Als ich sie 1983 kennen lernte, war ihr Ehemann Scott gerade gestorben. Helen und Scott gehörten zu den Pionieren der amerikanischen Zurück-aufs-Land-Bewegung; sie zogen 1932 nach Vermont, und als es ihnen dort nicht mehr natürlich genug war, 1952 nach Maine. Sie lebten vollständig als Selbstversorger, bauten ihre Häuser in Handarbeit aus den Steinen, die sie auf ihrem Land fanden, und ernährten sich von dem, was sie selbst anpflanzten – ein Beispiel dafür, was es heißt, leichtfüßig über die Erde zu gehen.

Seit Anfang der Fünfzigerjahre haben die Nearings eine Reihe von Büchern geschrieben, darunter den Klassiker *Ein gutes Leben leben*. Darin beschreiben sie ihr Engagement für ein Leben als Selbstversorger, harte Arbeit, Einfachheit und ihre Liebe zum Lernen. Sie haben sich auch ihr Leben lang für soziale und ökologische Belange eingesetzt. Als Scott im Alter von hundert Jahren krank wurde und nicht mehr arbeiten konnte, beschloss er, bis zu seinem Ende zu fasten. Helen erzählte mir, Scott sei so gestorben, wie er gelebt habe: In vollem Bewusstsein und mit Rücksicht auf die Erde habe er um die schlichteste Form der Verbrennung gebeten und sich gewünscht, dass seine Asche auf ihrem Land verstreut werden solle. Nach mehr als fünfzig gemeinsamen Jahren, sagte Helen, sei sein Tod so sanft gewesen, als fiele ein Blatt vom Baum.

Veränderung ist Teil der natürlichen Rhythmen des Lebens, aber unsere Kultur schickt sich an, Veränderung mit Geschwindigkeit zu verwechseln. Wir übersehen die tieferen Wandlungen des Lebens und passen uns statt dessen bei fast allen unseren Aktivitäten an ein immer schnelleres Tempo an. Gleichzeitig steigen unsere Erwartungen an die neue Geschwindigkeit oder weitere Beschleunigung. Wenn Sie alt genug sind, werden Sie sich noch daran erinnern, dass man beim Telefonieren eine Wählscheibe drehte oder dass man aufstand, um den Fernseher umzuschalten, und beides kam uns damals nicht beschwerlich vor. Heute hätte kaum noch jemand die Geduld für solche einfachen Verrichtungen. Selbst diejenigen unter uns, die mit solchen Technologien aufgewachsen sind, würden sie heute als unerträglich langsam und ermüdend empfinden, weil unser Gehirn jetzt erwartet, dass alles viel schneller geht.

In den Fünfziger- und Sechzigerjahren strahlten viele Fernsehprogramme Szenen aus, die ohne Kamerawechsel bis zu 15 Minuten dauerten. Heute sind wir daran gewöhnt, dass sich die Einstellungen alle paar Sekunden ändern, manchmal so schnell, dass wir sie nur subliminal aufnehmen können. Unverzüglicher Zugang zu Informationen, Instant-Kommunikation, sofortige Lieferung von Produkten und sekundenschnelle Geldtransfers; wir schätzen und erwarten Geschwindigkeit und messen die Zeit in Nanosekunden.

Wir haben im letzten Jahrhundert bedeutende Veränderungen erlebt, mehr als je zuvor in der Geschichte. Aber vieles von dem, was wir als Veränderung empfinden, war eigentlich nur die Anpassung an höhere Geschwindigkeiten. Wir haben die Verbindung zu den natürlichen und langsameren Abläufen des Lebens verloren, und folglich sind wir resistenter gegen die wirklichen Veränderungen im Leben geworden.

Nirgendwo wird diese Resistenz deutlicher als in unserer Beziehung zum Altern. Es ist anscheinend unmodern geworden, alt auszusehen oder zu sein. Einer der Gründe, warum wir uns so verzweifelt gegen das Altern wehren, liegt vielleicht darin, dass unsere Kultur die Weisheit, die mit dem Alter kommt, nicht mehr zu schätzen weiß. Wir leben in einer Gesellschaft des Jugendwahns, zum Teil wohl deshalb, weil wir so viel Wert auf Geschwindigkeit legen und die Jungen einfach schneller sind. Es gibt inzwischen Werbeanzeigen, auf denen dargestellt wird, wie Kinder ihren Großeltern beim Umgang mit dem Computer helfen, und die Überschrift lautet: »Es ist so einfach, dass sogar ältere Menschen es lernen können.« Natürlich kann der Großvater es lernen, aber er braucht länger dafür. Andererseits hat vielleicht auch der Großvater dies oder jenes, was er weitervermitteln könnte – die hart erarbeiteten Lektionen eines langen Lebens. Er ist vielleicht nicht mehr besonders schnell, aber er weiß wahrscheinlich eine Menge über Veränderungen. Leider haben ältere Menschen oft das Gefühl, dass sich niemand wirklich für sie interessiert, weil sie eben *alt* sind. Und so entsteht der soziale Druck, nicht alt zu wirken, weil man Angst hat, sonst nutzlos zu erscheinen. Unsere Versuche, jünger zu wirken, haben nicht unbedingt damit zu tun, dass wir weiterhin unser Spiegelbild mit Vergnügen betrachten oder auf Freiersfüßen wandeln wollen, sondern es geht darum, nicht aus dem Leben ausgeschlossen zu werden.

Auch wenn es durchaus Sinn macht, so gut wie möglich für sich selbst zu sorgen – körperlich möglichst stark und geistig wach zu bleiben –, können wir im Zustand des erwachten Bewusstseins doch mit Anstand älter werden. Mich hat der Anblick von Helen Nearing sehr beeindruckt, die über achtzig war, als ich sie sieben Jahre vor ihrem Tod zuletzt sah. Mit ihrem verhutzelten, verwitterten Gesicht, ihren intelligenten Augen und dem drahtigen, kräftigen Körper war sie eine Inspiration für das Altern in Würde. Mit einem unterscheidungsfähigen Bewusstsein bringen wir den älteren Menschen in unserer Gesellschaft und der Weisheit, die mit dem Alter kommt, großen Respekt entgegen. (Insgeheim habe ich immer gedacht, dass Großmütter und nicht Männer in mittleren Jahren die Welt regieren sollten.)

Das erwachte Bewusstsein nimmt stets die allgegenwärtigen Zeichen der Vergänglichkeit wahr und schätzt deshalb die zarten Schönheiten des Lebens. Ob es ein Regen von Sternschnuppen in einer Sommernacht ist oder ob es die Venen auf den Händen unseres Vaters oder unserer Mutter sind, wir sind uns in allen Dingen der Vergänglichkeit bewusst. Vor fast dreißig Jahren, am Ende eines buddhistischen Schweige-Retreats, legte ein junger Mann einen Zettel auf mein Meditationskissen. Darauf stand: »Hast du Lust, gemeinsam mit mir einen absolut einzigartigen Sonnenuntergang zu beobachten?« Blitzartig erkannte ich, dass seine Frage eine bittersüße Wahrheit enthielt. Ein Sonnenuntergang ist ein einzigartiges Ereignis, jeder einzelne ein erster und letzter seiner Art – so wie jeder vorübergehende Augenblick unseres Lebens.

Warten auf das Wunder

»Baby, I've been waiting,
I've been waiting night and day.
I didn't see the time,
and I waited half my life away.
There were lots of invitations,
and I know you sent me some,
but I was waiting for the miracle,
for the miracle to come.«

(Baby, ich habe gewartet, gewartet Tag und Nacht. Ich habe die Zeit nicht wahrgenommen und mein halbes Leben mit Warten verbracht. Es gab viele Einladungen, und ich weiß, einige kamen von dir. Aber ich habe auf das Wunder gewartet, auf das Wunder, das kommen sollte.)

LEONARD COHEN:
»Waiting for the Miracle«,
aus dem Album *The Future*

Wir warten und warten. Wir sehnen uns danach, irgendwann unser *wirkliches* Leben beginnen zu können. Wir warten auf alle möglichen hoffnungsvollen Ereignisse und ignorieren dabei den reichen Geschmack des *Jetzt* zugunsten der schalen Produkte unserer Fantasie. Wir denken, dass wir am Ende glücklich sein werden, wenn wir den perfekten Lebenspartner oder Liebhaber finden oder unseren derzeitigen Partner loswerden, wenn wir eine neue Karriere beginnen, mehr Geld verdienen oder Kinder bekommen, wenn die Kinder aus dem Haus sind, wenn wir einen spirituellen Lehrer finden oder eine Weltreise unternehmen. Wir träumen davon, was sein könnte oder hätte sein können, aber wie es in dem alten Lied der Everly Brothers heißt: »Das einzige Problem … oje … ich verträume dabei mein Leben.«

Auf jede nur erdenkliche Weise schieben wir das Leben im wirklichen Wunder auf – im Wunder des Hier und Jetzt. Der große Lehrer Nisargadatta Maharaj hat gesagt: »Es ist die Wirklichkeit, welche die Gegenwart so lebendig macht, so verschieden von Vergangenheit und Zukunft, die lediglich in unseren Gedanken existieren.« Die Wirklichkeit, hier und jetzt, hat eine Lebendigkeit, mit der sich keine Fantasie vergleichen kann.

Die unterscheidungsfähige Intelligenz weiß, dass Glück und Unglück nur Vorstellungen sind, die sich auf die Vergangenheit oder Zukunft beziehen. Um das zu prüfen, können Sie ein einfaches Experiment machen. Wenn Sie Leid empfinden – gedankliches Leid –, dann achten Sie darauf, wie Ihre Aufmerksamkeit auf ein Bild oder eine Reihe von

Gedanken fixiert ist, auf eine Geschichte. Achten Sie darauf, wie die Gedanken und Bilder von einer zentralen Idee abhängen, der Idee von jemandem – von *mir* – und dem Problem. Das Leiden existiert in der Geschichte, nicht in Wirklichkeit. Was ist das Leiden ohne die Idee von mir und dem Problem?

Wenn wir das Bild des Hauptdarstellers aufgeben, von dem die Probleme abhängen, dann verschwinden die Probleme auf natürliche Weise. Der Buddha soll bei seinem Erwachen gesagt haben: » O Bauherr, jetzt bist du erkannt! Du sollst mir kein Haus mehr bauen. Dein Firstbalken ist zerbrochen.« Wenn man die Illusion des Hauptdarstellers durchschaut, zerbricht der Firstbalken über dem Haus des Leidens.

Das erwachte Bewusstsein betrachtet einfach alles, was sich entfaltet, als Strom des Lebens, statt den Subjekt-Objekt-Gegensatz zwischen mir und dem Objekt meines Verlangens oder Furcht hervorzuheben. Was immer uns in diesem Strom an Schönheit begegnet, können wir genießen und zutiefst lieben, ohne uns an die Hoffnung zu klammern, dass dies alles auch in Zukunft so bleiben wird. Allzu oft können wir die Schönheit der Gegenwart nicht genießen, nur weil wir fürchten, dass unser Glück ein Ende haben wird. Wir wagen es nicht, uns dem Augenblick hinzugeben, weil wir nicht verletzt werden wollen, wenn er vorüber ist, und so fantasieren wir stattdessen lieber über glückliche Erlebnisse. Das macht zwar nicht so viel Spaß, aber zumindest haben wir unsere Fantasien unter Kontrolle.

Das unterscheidungsfähige Bewusstsein benutzt keine Fantasien als Ersatz für die Realität. Das wirkliche Leben versorgt uns reichlich mit der nötigen Faszination. Sogar wenn nichts Besonderes passiert, leben wir in einem ständigen Strom von Freude und Dankbarkeit. Bei unseren Retreats werden die Menschen so glücklich und so offen für die mit diesem Glück einhergehenden zarten Gefühle, dass sie es kaum ertragen können. Die Tränen fließen schon, wenn sie nur still einen Grashüpfer oder einen Sonnenuntergang beobachten oder zusehen, wie jemand seine Schnürsenkel bindet. Was bewirkt solche Veränderungen in der Wahrnehmung, wenn nichts weiter geschehen ist, als dass die Menschen still geworden sind und sich auf ihre eigene lebendige Gegenwart eingestellt haben? Was verleiht äußeren Umständen, die einem langweilig vorkommen könnten, für manche Menschen so viel Glück.

Fritz Perls, der Begründer der Gestalttherapie, hat einmal festgestellt: »Langeweile ist Mangel an Aufmerksamkeit.« Wie ein alter Griesgram, der nie zufrieden ist, kann die Langeweile behaupten, dass Frieden nicht ausreicht, dass mehr Aufregung uns glücklicher machen würde. Also warten wir in einem Zustand von »Wenn doch nur …« auf das Wunder, das kommen soll, und dabei verpassen wir das Wunder des Lebens, das sich in diesem Moment ereignet. Im erwachten Bewusstsein empfinden wir jeden Augenblick als reich, auch wenn ihm jede Aktivität oder Unterhaltung fehlt. Es kann beispielsweise in unserem Leben eine Phase geben, die uns eintönig vorkommt. Auf den ersten Blick mag es so aussehen, als würde nichts passieren.

Aber wenn wir uns auf die Tiefen unseres Daseins einstimmen, können wir diese Zeiten metaphorisch als Winter empfinden. Auch wenn es an der Oberfläche so erscheint, als schliefe das Leben, brodelt darunter doch eine mächtige Energie. Wir können diese starke Gegenwart des Lebens spüren – als kreative, destruktive und wundersame Kraft –, denn wir selbst sind ihr ureigenster Ausdruck. Wir können aus einer solchen Winterphase der Seele wie der Frühlingsbeginn hervorbrechen, erfüllt von allen möglichen kreativen Ideen und Einsichten. Und selbst wenn das nicht geschieht, können wir uns still im tiefen Frieden des Lebens sonnen. Jeder Augenblick, in dem wir das Geschenk des einfachen Daseins wahrnehmen, ob mit oder ohne Aktivität, ist gut gelebt.

Ludwig Wittgenstein sagte: »Wenn wir die Ewigkeit nicht als endlose Ausdehnung der Zeit, sondern als Zeitlosigkeit verstehen, dann gehört das ewige Leben jenen, die in der Gegenwart leben.« In Wahrheit leben wir alle nur in der Gegenwart. Wir müssen diese Tatsache lediglich erkennen. Es ist immer jetzt. Wir können die Zeit nur als jetzt erfahren – immer. Die Zukunft kommt nie. Während ich diese Worte schreibe, ist jetzt. Während Sie sie lesen, ist jetzt. Alle Gedanken über Vergangenheit und Zukunft treten immer nur in der Gegenwart auf. Wir können nicht den winzigsten Schritt aus ihr heraus tun, nicht einmal in unseren glühendsten Gedanken über irgendeine andere Zeit.

Wenn wir in diesem Wissen leben, im Bewusstsein der Gegenwart, dann passen wir uns an den Strom des Lebendigseins an, der allen Fantasien über die Zukunft und allen

Erinnerungen an die Vergangenheit vorzuziehen ist. Wir brauchen nicht mehr über die Zeit nachzudenken, und unser Leben fließt in der wachen Gegenwart dahin. Mein Lehrer hat immer gesagt: »Der Tod tritt einfach dann ein, wenn der nächste Atemzug nicht kommt.« Bis dahin leben wir im ewigen *Jetzt*. Immer jetzt.

Daseinsfreude

Sie ging auf einem Pfad am Fluss entlang, da hörte sie ein leises Tapsen. Als sie in die Richtung schaute, aus der das Geräusch kam, sah sie, wie direkt neben ihren Füßen ein Frosch den Weg entlanghüpfte. Ein paar Schritte bewegten sie sich parallel, und als sie bewusst langsamer ging, wurde auch der Frosch langsamer. Sie beschleunigte ihre Schritte, und der Frosch hüpfte ebenfalls schneller. Sie begann so heftig zu lachen, dass sie sich hinsetzen musste. Und der Frosch setzte sich ebenfalls.

So entzückend der Frosch war, wusste sie doch, dass ihr Entzücken aus einer anderen Quelle in ihrem Inneren kam und nicht an ein bestimmtes Erlebnis gebunden war. Es war so, als sei es ständig da, ein Strom der Freude, der durch sie hindurchfloss und nur auf eine Entschuldigung wartete, um hervorzubrechen. Gefühle und Erinnerungen aus der Kindheit durchfluteten ihr Bewusstsein wie ein Schwarm von Glühwürmchen, während sie sich weiter über den Frosch amüsierte und ihre innere Freude besonders intensiv empfand. Wieder einmal spürte sie eine unerklärliche Erregung darüber, dass sie lebte, und die einfachsten Dinge waren ungeheuer interessant, vergnüglich und lustig.

Sie dachte auch über die Traurigkeit des Daseins nach, um zu sehen, ob ihre gegenwärtige Freude dem standhalten konnte. Aber da war es, ein stilles inneres Glücksgefühl, trotz allem. Sie war verliebt in das Leben, einfach in die Tatsache seiner Existenz, das unfassbare Ereignis des Daseins. Sie fühlte sich so, als würde sie still den Tag feiern, wobei ihr Entzücken die natürliche Reaktion auf das Geschenk des Lebens war. Sie wusste, dass sie für diese Feier nichts brauchte, nicht einmal den Frosch. Der war unterdessen angesichts ihrer Grübeleien ungeduldig geworden. Während sie sitzen blieb, hüpfte er langsam auf den Fluss zu.

Unschuld

> *»Wenn ihr nicht umkehrt und werdet wie die Kinder, so werdet ihr nicht ins Himmelreich kommen.«*
>
> Jesus

Am letzten Tag eines unserer Schweige-Retreats sprach ein Mann über die Worte, mit denen sich seine Freundin von ihm verabschiedet hatte, bevor er abgereist war. »Und verliebe dich dort nicht in irgendjemanden«, hatte sie ihm gesagt. Er sah sich in der Gruppe von sechzig Leuten um und fragte: »Wie soll ich ihr nur erklären, dass ich mich in jeden verliebt habe?« Ich versicherte ihm, das würde seiner Freundin wahrscheinlich nicht viel ausmachen.

Zu den größten Geschenken meines Lebens gehören

meine Beobachtungen und Erlebnisse bei den Schweige-Retreats. Die Teilnehmer, von denen sich die meisten vorher nicht kennen, kommen zusammen und schweigen eine ganze Woche lang außer in den zwei Stunden der täglichen Gruppensitzungen. Sie erhalten keine spirituellen Unterweisungen und werden nicht zu irgendwelchen Übungen angehalten, sondern stattdessen ermutigt, sich so viel Ruhe zu gönnen, wie sie brauchen, und den ganzen Tag lang auf das klare Bewusstsein zu achten, an dem kein Gedanke je anhaftet.

Tag für Tag lassen sich die Teilnehmer von Freude und plötzlichen Energieausbrüchen überraschen, während sie spüren, wie natürlich es ist, wach zu sein und ohne irgendwelche Geschichten oder Ego-Darstellungen, die innerhalb einer Gemeinschaft sonst üblich sind, mit anderen zusammenzuleben. Oft beschreiben die Leute Gefühle, die ihnen aus der Kindheit vertraut sind, beispielsweise dass sie am Morgen aufwachen und sich ohne einen besonderen Anlass darauf freuen, den Tag zu beginnen. Wir bezeichnen das als grundlose Freude oder reine Daseinsfreude. Sie wird manchmal als eine innere Strömung erlebt, wie Champagnerperlen des Wohlbefindens.

Dieses Gefühl des Wohlbefindens ergibt sich aus unserer natürlichen Unschuld. Im erwachten Bewusstsein wird die klare Wahrnehmung, durch die wir die Welt betrachten, jeden Augenblick erneuert. Wir zerren nicht mehr in Gedanken die verhärtete Kruste unserer eigenen Geschichte mit uns herum und schleppen nicht mehr die schwere Rüstung des Eigendünkels.

Ich habe einmal ein paar Tage auf der hawaiischen Insel Lanai in einer exklusiven Ferienanlage verbracht, wo sich oft Gäste aufhalten, die zu den Titanen der Industrie gehören. Eines Tages ging ich über einen Pfad hinunter zum Meer, und ein älterer Mann ging an mir vorüber. Augenblicklich spürte ich ein herrisches Wesen in der Art seines zielstrebigen Ganges und seines freudlosen, entschlossenen Gesichts, das wie aus Stein gemeißelt schien. Wir blickten einander in die Augen, und ein frostiger Wind blies durch meine Seele. Ich wurde wieder einmal daran erinnert, welche Last es bedeutet, wenn man sich selbst für eine wichtige Person in der Welt hält, jemand, der Macht über andere hat. Ich empfand Mitgefühl für den Mann, weil ich trotz all seines Reichtums nur spürte, wie verarmt er war, denn ihm fehlte das, was ich für das Beste im Leben halte. Wenn man keinen Kontakt zu seiner eigenen Unschuld hat, kann man den Himmel nicht finden, nicht einmal an den schönsten Orten der Erde.

Die Eigenschaft, über die alle erwachten Lehrer und Menschen, denen ich begegnet bin, gleichermaßen verfügen, ist ein kindliches Wesen. Sie lachen, weinen, zwinkern und scherzen alle mit einer Spontaneität, die aus der Freiheit geboren ist. Ihre Gesichter haben einen weich fließenden Ausdruck und sind bis ins hohe Alter hinein von einer zeitlosen Sanftheit. Mein Lehrer, bis in die achtzig ein Muster an Würde, konnte bisweilen regelrecht verspielt sein – und wir liebten es. Er ließ auch seine Emotionen frei fließen und zeigte sie. Als ich zum ersten Mal bei ihm war, bemerkte ich, dass er während der Treffen mit seinen Schülern jeden Tag mehrmals lachte und weinte. Manchmal kamen ihm die Tränen vor Glück, wenn er sah, dass jemand von einer Last frei wurde, die ihn lange bedrückt hatte; manchmal weinte er auch mit jemandem, der einen Verlust erlitten hatte. Wie bei einem Kind strömten die Gefühle durch ihn hindurch und verschwanden so schnell, wie sie gekommen waren, ohne irgendwelche Spuren zu hinterlassen.

Wir alle lieben die Unschuld, die wir bei Kindern sehen. Entzückt beobachten wir, wie sie neue Dinge lernen und voll ungestümer Hingabe spielen. Wir hören gerne ihre Fragen und Gedanken über die Welt, weil sie aus der Brillanz eines ursprünglichen Bewusstseins stammen. Wehmütig beobachten wir sie, wenn sie schlafen, und erinnern uns dabei an ein Gefühl des vollkommenen Friedens. Wir sind entzückt über die Gesellschaft von Kindern, weil sie uns an unsere eigene Unschuld erinnern.

Aber wenn wir uns im erwachten Bewusstsein befinden, ist Unschuld nicht mehr das Vorrecht von Kindern. Auch wir lernen dann voller Entzücken neue Dinge und spielen mit Hingabe; unser ursprüngliches Bewusstsein fragt und reflektiert in brillanter Klarheit; und auch wir schlafen in tiefem Frieden. Unschuld ist ein Zustand, der nicht vom Alter, sondern von der Einstellung abhängt. Sie lebt in steter Überraschung, ohne zu wissen, wie die Dinge sich entwickeln sollen, und ohne das Bedürfnis zu sehen, dass sie sich in eine bestimmte Richtung entwickeln.

Während meiner Kindheit in Virginia baten meine Eltern meinen Bruder Bob und mich ab und zu, ins Auto einzusteigen. Nur selten wurden wir über das Ziel informiert. Die Fahrt konnte ins nächste Lebensmittelgeschäft oder nach Florida gehen. Sie war jedes Mal ein wundersames Abenteuer, weil sie uns einfach überall hinführen konnte. Wir hatten nicht nur keine Ahnung, wohin die Reise ging, sondern wir hatten auch nicht die Vorstellung, dass wir etwas über das Ziel wissen müssten. Wir waren einfach nur unterwegs.

Im erwachten Bewusstsein entdecken wir unsere Unschuld wieder. Die Intelligenz sieht, dass es trotz der Erinnerungen vieler Jahre eine Gegenwart gibt, über die in der Erinnerung nie etwas geschrieben wurde und die immer und ausschließlich jetzt existiert. Wieder einmal sind wir unterwegs, und das Leben selbst wird ein wundersames Abenteuer, von dem wir uns lieber ergreifen lassen, statt ihm hinterherzujagen. Das bedeutet nicht, dass wir passiv herumliegen, bis jemand sagt: »Steig ins Auto.« Es bedeutet einfach, dass wir mit unschuldigem Herzen empfinden und uns durch die Welt bewegen. Wohin uns das Schicksal auch führen mag – in Leidenschaft oder in Ruhe –, ein unschuldiges Herz macht die Reise himmlisch. Wo wir am Ende landen und was wir unterwegs sehen, ist nicht so wichtig.

Eindringliche Schönheit

»Mögest du in Schönheit gehen.«

NAVAHO-SEGEN

Im erwachten Bewusstsein kommt das Gefühl, Schönheit zu sehen, aus der eigenen Wahrnehmung und hat nicht unbedingt etwas mit den wahrgenommenen Dingen zu tun. Was wir als schön bezeichnen, ist oft lediglich eine antrainierte, konditionierte Interpretation, die uns manche Dinge als schön und andere als abstoßend sehen lässt. Das erwachte Bewusstsein überwindet diese Konditionierung und kann Schönheit in den unwahrscheinlichsten Dingen erkennen, weil es die universelle Essenz der Dinge sieht.

Als ich vor einigen Jahren in Indien war, um meinen Lehrer Poonjaji zu besuchen, veränderte sich meine Wahrnehmung dramatisch. Im Laufe vieler Reisen, die ich während der letzten zwanzig Jahre unternommen hatte, war ich zunehmend allergisch gegen Indien geworden. Ich hatte einen starken Widerwillen gegen vieles entwickelt, was ich in Indien sah, roch und hörte, denn es war eine tägliche Beleidigung für meine Sinne und führte dazu, dass ich ständig eine leichte Übelkeit empfand. Gleichwohl zog mich Indien wegen seines reichen spirituellen Erbes und der großartigen Lehrer, die dort lebten, weiter an. Außerdem genoss ich es, gelegentlich den hektischen westlichen Lebensstil hinter mir zu lassen, und zumindest in den ersten Jahren vermittelte Indien einem das Gefühl, als würde man beim Verlassen des Flugzeugs in die koloniale Vergangenheit eintauchen. Aber ich hatte schon seit langem alle romantischen Vorstellungen über Indien verloren und sah stattdessen vor allem Krankheit, Umweltverschmutzung, Armut und Aberglauben. Nach einer Weile kam es mir so vor, als würde mein Blick nur noch auf Hässliches fallen, wohin ich mich auch wandte.

Meine Begegnung mit Poonjaji veränderte das alles. Ich begann die Gegenwart der Lebenskraft in mir selbst und bald auch überall in meiner Umgebung zu spüren. Eines Tages, während ich duschte, wurden die Kacheln im Badezimmer lebendig, und ich stellte mir vor, konnte fast fühlen, wie die subatomaren Teilchen in ihrem Inneren herumwirbelten. Wenn ich ging, erlebte ich mich nicht mehr als getrennten Körper, sondern als Bewegung in einer allumfassenden Landschaft. Diese Wahrnehmung brachte wiederum Gefühle von Wärme und Wertschätzung für jedes fremde, wunderbare oder gewöhnliche Ding hervor, dem ich zufällig begegnete. Wo immer mein Blick nun hinfiel, wurde mein Herz von der lebendigen Gegenwart dessen erfüllt, was ich dort sah. Die Warzenschweine, die in den Abfällen am Straßenrand wühlten, erschienen mir plötzlich schön, weil ich meine eigene Essenz spüren konnte und dieselbe Essenz in ihnen wahrnahm. Sie und ich unterschieden uns zwar in der körperlichen Gestalt, aber wir waren einfach Teil des grenzenlosen Panoramas der Existenz.

Im Zen heißt es: »Wenn du aufwachst, wacht die ganze Welt auf.« Unser erwachtes Bewusstsein erkennt sein eigenes Wesen in allem und sieht dabei seine Quelle als die

Quelle von allem. Dann nimmt man in Liebe und Ganzheit wahr und erlebt Schönheit nicht nur in bestimmten Gegenständen, Menschen oder Orten, sondern als eine erwachte Herzensintelligenz, die eins mit der Welt ist.

Unsere Definition und Wertschätzung von Schönheit kommt oft aus einem begrenzten Bewusstsein. Sicher, wir können die Schönheit in den rosigen Wangen und leuchtenden Augen eines Kindes, in der purpurroten Glut der aufgehenden Sonne über einem Schneefeld oder in der lässigen Grazie einer hinreißenden Frau sehen. Sie als schön zu identifizieren bedarf keiner besonderen Intelligenz. Unsere Gene und unsere kulturellen Konditionierungen erledigen das für uns. Wir reagieren leicht auf typische Auslöser für instinktive Reaktionen und auf Reize, die wir gelernt haben, als schön zu empfinden.

Aber im Zustand des erwachten Bewusstseins hängt unsere Erfahrung der Schönheit nicht davon ab, wie ein Mensch, ein Ort oder ein Gegenstand aussieht. Wir können Schönheit sogar in Situationen sehen, die unser Instinkt oder unsere kulturelle Konditionierung als scheußlich definieren. Das ist kein unrealistischer Optimismus, der in jeder Wolke einen Silberstreif erkennt, und es werden auch keine Geschichten erzählt, die das Entsetzen leugnen. Das erwachte Bewusstsein sieht und erkennt auch das Schreckliche, aber es wird als Teil des Ganzen akzeptiert. Als menschliches Tier dürfen wir uns von einem unangenehmen Geruch distanzieren, aber wir brauchen diesen Geruch nicht als fremd und vom Ganzen getrennt zu empfinden. Rumi sagte: »Stell dir das Entzücken vor, wie es ist, über eine lärmende Straße zu gehen und dabei der Lärm *zu sein.*« Im erwachten Bewusstsein unterteilen wir die Welt nicht in das, was dazugehören oder nicht dazugehören sollte. Wir spüren die Welt als eine riesige Erweiterung unserer selbst. Wir gehören zu ihr, und sie gehört zu uns. Stellen Sie sich dieses Entzücken vor.

Die Schönheit, die wir in äußeren Manifestationen erleben, ist eine direkte Spiegelung der Schönheit unserer inneren Realität. Ist Ihnen je aufgefallen, wie jemand, den Sie lieben oder der einfach nur freundlich zu Ihnen war, plötzlich für Sie schön aussieht, obwohl Sie dasselbe Gesicht früher als gewöhnlich empfunden haben? Was hat sich da verändert? Im erwachten Bewusstsein sind wir nicht ausschließlich von visuellen Anregungen abhängig, um Schönheit zu erleben, weil wir erkennen, dass Liebe die wichtigste Verbindung ist, die uns Schönheit empfinden lässt. Wenn wir lieben, sehen wir Schönheit; wir sprechen in Schönheit; wir gehen in Schönheit. In der Liebe sind wir die Schönheit selbst.

Der verstorbene japanische Töpfer Hiroshi Eguchi hat darüber berichtet, wie Helen Keller und ihre Lehrerin Anne Sullivan 1948 sein Geschäft in Nagasaki besuchten. Blind und taub seit ihrer Geburt hatte Helen Keller mehr als sechzig Jahre in unaufhörlicher Liebe damit verbracht, zu lernen und Schönheit zu entdecken. Der Töpfer Eguchi hatte erlebt, wie seine Stadt nur drei Jahre zuvor von einer Atombombe verwüstet worden war, und empfand Verbitterung gegenüber den Amerikanern. Gleichwohl war er bereit, die beiden Frauen in seinem Geschäft herumzuführen, und war fasziniert, als Helen Keller ein außergewöhnliches altes Imari-Gefäß ergriff. Sie untersuchte es mit ihren Händen und rief aus: »O wie schön!« Entrüstet dachte Eguchi im Stillen: »Wie kann diese blinde alte Amerikanerin die Schönheit und den Wert dieses Gefäßes erkennen?«

Sieben Jahre später kamen Helen Keller und Anne Sullivan zum zweiten Mal nach Nagasaki und besuchten wieder das Töpfergeschäft. Stellen Sie sich Eguchis Überraschung vor, als Helen Keller ihn bat, ihr das Imari-Gefäß zu zeigen, das sie vor Jahren bei ihm »gesehen« hatte. In diesem Moment war Eguchi klar, dass er Helen Kellers Fähigkeiten, den Wert von Dingen einzuschätzen, völlig falsch beurteilt hatte. Später schrieb er über diese Episode: »Es sind nicht unsere Augen, die uns den Wert von Töpferwaren erkennen lassen. Es ist unser Herz, das die Schönheit der Gefäße erkennt.«

Vielleicht hat Eguchi lange genug gelebt, um zu erkennen, dass es unser Herz ist, das die Schönheit von allem empfindet.

Dankbarkeit

»Wenn das einzige Gebet, das du in deinem ganzen Leben sprichst, ›danke‹ lautete, dann wäre das genug.«

MEISTER ECKHART

Dankbarkeit ist ein Wegbereiter des Entzückens. Wirklich glücklich zu sein heißt, in Dankbarkeit zu leben. Im erwachten Bewusstsein sind wir einfach für das Leben als solches dankbar. Dass wir überhaupt existieren und für die Zeit unseres Daseins Zeugen der Wunder des Lebens sein dürfen, ist ein unschätzbares Geschenk und Grund genug, voller Dankbarkeit zu sein. Wenn sich unser Bewusstsein jedoch vertieft und erweitert, empfinden wir Dankbarkeit für alle möglichen Dinge, große und kleine, glückliche und traurige, die zu unserem Dasein gehören.

In den Dharma-Dialogen fragen die Leute mich oft nach der Bedeutung von Gnade. Ich antworte dann, dass Gnade Dankbarkeit ist. Die englischen Worte für Gnade *(grace)* und Dankbarkeit *(gratitude)* stammen aus derselben lateinischen Wurzel. Ein Leben in Gnade bedeutet, dass wir alles, was uns auf unserem Weg begegnet, dankbar akzeptieren. Gnade ist nicht, was wir gemeinhin darunter verstehen, eine Situation, in der alles nach unseren Wünschen läuft. Die Leute nehmen fälschlicherweise oft an, es sei eine Art von Gnade, wenn sie mit einem einfachen Ticket erster Klasse fliegen durften, zufällig die richtige Person zur rechten Zeit getroffen oder ähnliche Glücksfälle erlebt haben. Aber echte Gnade ist eine Einstellung, bei der wir alles akzeptieren und zu schätzen wissen, was uns im Leben geschieht, die Schwierigkeiten ebenso wie die Freuden. Gnade ist die Weite des Herzens, die »okay« flüstert, wenn alles zusammenbricht.

Es gibt eine Geschichte über eine alte weise Frau namens Suko, die in Japan lebte und für ihre große Daseinsfreude bekannt war. Eines Tages kam ein Mann zu ihr und sagte: »Ich bin sehr egozentrisch und fühle mich meist unglücklich. Bitte sage mir, wie ich zur Freude finden kann.« Suko antwortete: »Was immer dir auch geschieht, sage einfach zum Universum: ›Danke, danke für alles. Ich habe keine Klagen.‹« Sie wies ihn an, er solle in einem Jahr wiederkommen und ihr über seine Fortschritte berichten.

Der Mann ging und kehrte nach einem Jahr zurück. Er berichtete, er habe sich an ihre Ratschläge gehalten. Er habe für alles Danke gesagt. Doch leider sei er immer noch sehr mit sich selbst beschäftigt und fühle sich elend. »Was nun?«, fragte er.

Und Suko sprach: »Sage wieder: ›Danke, danke für alles. Ich habe keine Klagen.‹« Es heißt, der Mann habe in diesem Moment die wahre Macht der Dankbarkeit erkannt, dass man ausnahmslos für alles dankbar sein kann, sogar für das eigene Elend. Denn dieses Elend hatte seine Widerstände abgebaut, ihn demütig gemacht und zu der weisen Frau gebracht. Die Geschichte endet damit, dass er in einen Strom unaufhörlicher Daseinsfreude eintrat.

Als ich vor einigen Jahren in Portland, Oregon, lebte, besuchte mich der Schriftsteller Andrew Harvey, der gerade in der Stadt war, um einen Workshop zu leiten. Es war ein ungewöhnlich heißer Sommertag, und so begaben wir uns zunächst in die berühmten Japanischen Gärten von Portland und fuhren anschließend in die Stadt, um einige Besorgungen zu erledigen. Als wir fertig waren, gingen wir dorthin zurück, wo ich glaubte mein Auto geparkt zu haben, aber es war nirgendwo zu finden. Während wir Block um Block absuchten, befürchtete ich schon, der Wagen sei vielleicht gestohlen worden, denn ich wusste, dass es in diesem Teil der Stadt viele Autodiebstähle gab.

Immer weiter hasteten wir durch die Mittagshitze. Nach ungefähr einer Stunde bemerkte ich, dass Andrew, der Rückenprobleme hatte, allmählich sehr viel langsamer wurde. Beiläufig fragte ich ihn, was sich in seinem Gepäck befände, das er in meinem Auto gelassen hatte. »Nun… mein Pass, die Notizen für mein neues Manuskipt und 700 Dollar Bargeld«, sagte er. »Aber du hast ja dein ganzes Auto verloren«, ergänzte er mitfühlend.

Während wir weitergingen, machte Andrew eine Bemerkung über die schöne Architektur der Gebäude am Straßenrand. Und da es in Portland so oft regnete, meinte er, wir hätten Glück, dass es heute trocken sei. Er blieb stehen, um einen kleinen Gemüsegarten vor einem der Häuser zu bewundern. Jedes Mal wenn er sprach, drückte er seine Wertschätzung für etwas Schönes aus. Bald stellte ich fest, dass mein eigener Widerstand gegen die ganze Situation mit dem Verlust des Autos dahinschmolz. Wenn der Wagen gestohlen war, konnte ich es sowieso nicht ändern. Wir würden bei der Polizei Anzeige erstatten und dann sehen, wie wir nach Hause kamen. Es gab keinen Grund, nicht auf die schönen Häuser und Gärten zu achten, an denen wir vorübergingen. Und so bemerkte auch ich nach einer Weile die kleinen Aspekte wunderbaren Lebens, die sich an diesem Sommertag vor mir ausbreiteten: die Düfte, die von den Ständen der Straßenverkäufer ausgingen, eine alte Frau im Rollstuhl, die ihr Gesicht lächelnd in die Sonne hielt, ein Junge, der seinen neuen Drachen auspackte. Wir setzten unseren Weg im Zustand der Gnade fort, in Dankbarkeit.

Schließlich fanden wir das Auto dort, wo ich es offensichtlich geparkt und dann gedankenlos vor einigen Stunden zurückgelassen hatte. Obwohl wir darüber sehr erleichtert waren, hatten wir bei der Suche danach doch eine Art von Daseinsfreude empfunden. Wo immer es echte Wertschätzung gibt, ist die Daseinsfreude nicht weit. Eine dankbare Einstellung gehört zu den wichtigsten Elementen der Freude am Leben. Diese Einstellung hängt nicht von den Gegenständen ab, für die wir dankbar sind. Sie ist vollkommen subjektiv, eine Form der Wahrnehmung, eine Brille, durch die wir die Welt betrachten. Die Brille der Dankbarkeit.

Vor einigen Jahren wurde mein Bruder Glenn sehr krank, und es stellte sich heraus, dass er Aids hat. Weil er die ganze Zeit in der äußeren Welt und in der Zukunft nach dem Glück gesucht hatte, war er während der 32 Jahre seines bisherigen Lebens unglücklich gewesen. Die Diagnose Aids und die Aussicht auf einen frühen Tod hat sein Bewusstsein verändert und dazu geführt, dass er die Zeit und die Erfahrungsmöglichkeiten, die ihm noch bleiben, tief zu schätzen weiß. Er ist jetzt glücklicher als je zuvor. Er würde nicht sagen, dass er dankbar dafür ist, Aids zu haben. Aber die Tatsache, dass er Aids hat, hat ihn dankbar für das Leben gemacht.

Wenn wir den Tag und die Stunde unseres Todes kennen würden, wüssten wir vielleicht jeden Atemzug, jeden Anblick, jeden Klang und jede Berührung zu schätzen. Und auch wenn die meisten von uns diesen Zeitpunkt nicht genau kennen, können wir sicher sein, dass er nur zu bald kommen wird. Vielleicht werden wir in dem Moment zwischen Sein und Nichtsein das Geschenk des Lebens würdigen können, aber warum sollen wir darauf so lange warten? Hier und jetzt ist dieses Geschenk nicht weniger kostbar. Warum lassen wir unseren Geist nicht in Dankbarkeit hellwach sein, um dabei an jedem Tag unseres kostbaren Daseins die Freude am Leben zu finden?

Freude wirkt ansteckend

»Lasst die Freude grenzenlos sein.«

LORD BYRON

Als ich in der Gegend von San Francisco wohnte, fuhr ich fast ein Jahr lang am späten Nachmittag von meinem Haus in Marin County über die Golden Gate Bridge in die Innenstadt von San Francisco. Damals saß in einem der Mauthäuschen an der Brücke ein farbiger alter Mann, der so ansteckend fröhlich war, dass er mir immer wie die Verkörperung des erwachten Bewusstseins vorkam. In den wenigen Sekunden, in denen ich ihm die Maut reichte und vielleicht noch Wechselgeld von ihm zurückbekam, hatte er immer ein liebes Wort und ein Lächeln übrig. Schon bald achtete ich sorgfältig darauf, dass ich mich vor seinem Mauthäuschen einreihte, und nach einer Weile kam es mir so vor, als würde ich einen alten Freund besuchen. Ganz gleich wie das Wetter war oder wie viel Verkehr auf der Brücke herrschte, er hatte immer gute Laune. »Was für ein schöner Tag«, strahlte er. »Wie nett, Sie zu sehen.«

Wenn im Auto vor mir Kinder waren, konnte ich immer wieder beobachten, wie er jedem von ihnen etwas gab. Eines Tages, als niemand hinter mir wartete, fragte ich ihn, was es war. »Ah, das sind nur meine Tootsie Rolls«, sagte er und zeigte auf eine riesige Tüte mit Bonbons. »Ich gebe den Kleinen gerne eine Leckerei, weil manche von ihnen so lange unterwegs sind.«

Als ich einmal auf der Brücke im Stau stand, versuchte ich in Gedanken zu überschlagen, mit wie vielen Leuten der Mautkassierer im Laufe einer Schicht von acht Stunden wohl in Kontakt kam. Ich versuchte mir vorzustellen, auf wie viele Menschen sich seine Freundlichkeit positiv auswirkte, wenn auch nur ein Bruchteil von ihnen darauf reagierte. Ich kann mich nicht mehr erinnern, welche Zahl ich damals geschätzt habe, ich weiß nur noch, dass sie mir enorm hoch erschien. Und ich weiß, dass diese wenigen Augenblicke des Tages, die ich in seiner Nähe verbrachte, mich selbst an die Daseinsfreude erinnerten und ich darüber staunte, wie viel Fröhlichkeit dieser eine Mann bei seinem sicher nicht beneidenswerten Job vermutlich verbreitete. »Dieser Mensch sollte bei der UNO arbeiten«, dachte ich.

Unsere Fröhlichkeit ist nicht nur ein Geschenk für uns selbst, sondern für jeden Menschen in unserem Leben. Ob wir unsere Freude überschwänglich ausdrücken oder nur schweigend mit den Augen zwinkern, stets kann sie die Leute in unserer Umgebung anstecken. Die meisten von uns wissen, wie das ist, wenn man sich bei einer vielleicht unpassenden Gelegenheit das Lachen nicht mehr verbeißen kann. Bald weiß niemand mehr, was der Anlass war, aber die ganze Situation ist so lustig, dass keiner mehr aufhören kann zu lachen. Genauso kann sich eine Welle der Freude von einer bestimmten Person aus verbreiten, und nach einer Weile erinnern sich die Leute in ihrer Umgebung nicht mehr an den Ursprung, sondern wissen nur noch, dass sie von Freude erfüllt sind.

Unsere Lebensfreude sorgt auch dafür, dass unsere Angehörigen sich keine Sorgen um uns machen müssen. Sie können uns von der Liste ihrer Ängste streichen. Wenn sie dann selbst in Schwierigkeiten stecken und an uns denken, ist das ein Trost und erinnert sie an die Lebensfreude; es wirkt wie ein sicherer Hafen. Ein Lichtstrahl bricht in die Höhle der Dunkelheit.

Als ich vor vielen Jahren eine Service-Organisation mit aufbaute, die sich um zahlreiche internationale Tragödien kümmerte, war ich sehr genervt und deprimiert. So löblich die ganze Sache sein mochte, mir gefiel die Arbeit nicht, und ich hatte wenig Freude daran. Ich war dabei, weil ich dachte, ich sollte mich engagieren, aber zumindest ein Teil meiner Motivation hing damit zusammen, dass ich andere durch meine Mitarbeit bei einem so wichtigen Projekt beeindrucken wollte. Eines Tages besuchte mich mein Freund Howie Cohn zum Lunch. Er war gerade aus Indien zurückgekehrt, wo er einen Mann kennen gelernt hatte, der schließlich mein Lehrer werden sollte: Poonjaji. Auf dem Weg zum Restaurant konnte ich spüren, wie schwer meine Schritte verglichen mit Howies Leichtfüßigkeit und Leichtherzigkeit waren. Er sprach sehr wenig über seine Zeit mit Poonjaji, aber eine warme Freude strömte aus jeder Bewegung und jedem Wort. Sein Geist war klar, erfrischend und verspielt. Ich konnte zum ersten Mal seit Wochen wieder herzhaft lachen.

Als ich ins Büro zurückkehrte, wusste ich, dass ich diesen Job aufgeben musste (was ich bald darauf auch tat). Wenn wir unserer Lebenssituation nicht mit Freude begegnen können, ist unsere Arbeit fragwürdig. Wir schleppen uns vielleicht weiter wie gute Soldaten, aber was wir tun, wirkt nicht inspirierend. Wenn wir unseren Aufgaben in hellwacher Daseinsfreude nachgehen, dann ist unsere bloße Gegenwart schon ermutigend. Allein der Gedanke an uns kann einem anderen helfen, der in Schwierigkeiten steckt. Wenn ich unglücklich bin, stelle ich mir oft das Gesicht des Dalai Lama vor, und sofort empfinde ich auch in den schwierigsten Situationen die Möglichkeit der Freude. Der Dalai Lama strahlt unablässig Fröhlichkeit aus, obwohl er sich täglich der enormen Leiden in Tibet und anderswo bewusst ist. Das bedeutet natürlich nicht, Trauer zu leugnen. Es geht einfach darum, mit der Daseinsfreude verbunden zu bleiben, die im Zustand des erwachten Bewusstseins vorherrschend ist. Genauso vorherrschend ist sie auch in der Trauer.

Vor Jahren nahm ein Mann, dessen Freundin gerade ermordet worden war, an einem unserer Retreats teil. Verständlicherweise war er von einer tiefen Trauer erfüllt, verbunden mit einer allgemeinen Abstumpfung gegenüber der Welt. Sanft teilten wir seinen entsetzlichen Verlust, verbanden uns innerlich mit seinem Leiden und versuchten, seine Last zu erleichtern. Nach einigen Tagen zeigte sich, wie stark die Macht des Zusammenseins mit anderen im Retreat war: Er konnte sich selbst wieder fühlen, weinen und wieder beginnen, die Schönheit wahrzunehmen, die ihn umgab. Er schaffte es sogar, Daseinsfreude zu empfinden; während der Gruppensitzungen bemerkte ich mehrmals, wie er herzlich lachte, während seine Stimmung sich Tag für Tag aufhellte, angesteckt von der Liebe und Freude in seiner Umgebung. Obwohl ihn die Trauer vielleicht erneut überfallen hat, nachdem er die tröstende, liebevolle Retreat-Gemeinschaft wieder verlassen musste, war er doch zumindest an den Quell des Glücks erinnert worden, der auch für ihn trotz seines schmerzlichen Verlustes noch da war.

Daseinsfreude ist ein natürliches Gegenmittel gegen Elend. Im erwachten Bewusstsein lassen wir unsere Daseinsfreude, wenn wir mit anderen zusammen sind, ein wenig heller leuchten, für den Fall, dass die Laterne der

Freude bei einem Menschen in unserer Umgebung verdunkelt ist. Und so wie man eine Kerze an der anderen anzündet, verbreitet sich die Helligkeit weiter, ohne dass das ursprüngliche Licht seine Leuchtkraft einbüßt. Es ist ein Geschenk, das sich durch seine Weitergabe erneuert und verstärkt.

Der Mond ist immer voll

»Liebe dein Leben.«

JACK KEROUAC: *List of Essentials*

Im Verlauf eines Monats bezeichnen wir den Mond gemäß den verschiedenen Stadien, in denen wir ihn sehen. Wir sprechen von der Mondsichel, dem Viertelmond, Halbmond oder Vollmond. Der Mond in seiner Ganzheit wäre vielleicht überrascht, wie viele Milliarden Menschen ihn anders wahrnehmen, denn aus seiner eigenen Sicht ist er immer voll.

Genauso wissen wir im Zustand des erwachten Bewusstseins, dass wir in uns selbst eine Ganzheit sind, ganz gleich wie andere Menschen uns wahrnehmen mögen. Unser Leben und unsere Erfahrungen gehören uns auf einzigartige Weise; sie sind ein Wandteppich, bei dem sich jeder Faden am rechten Platz befindet, auch wenn er noch gar nicht fertig ist. Niemand sonst kennt vollständig jedes Aufblitzen von Inspiration oder jede zarte, schweigende Beobachtung, die unsere geistige Landschaft bilden. Wir genießen sie meist ohne darüber zu sprechen und ohne das Bedürfnis, sie anderen mitzuteilen. Sie sind eine geheime Freude.

Die meiste Zeit meines erwachsenen Lebens hatte ich die Vorstellung, es würde mich als Person aufwerten, mich mit aufregenden Leuten zu umgeben und exotische Abenteuer überall in der Welt zu erleben. Es schien mir so, als würden solche Erfahrungen und Menschen in meinem Leben mir von anderen Bewunderung eintragen. Ich würde in ihren Augen eine bezaubernde Person sein, und ohne bewusst darüber nachzudenken, ging ich davon aus, auch ich selbst wäre dann als Person tiefgründiger und glücklicher. Fernweh und ein Hunger nach Extremsituationen und radikalen Erfahrungen, die manchmal sogar gefährlich waren, sorgten dafür, dass ich stets in Bewegung blieb, unablässig auf der Suche nach neuen Orten, Ideen, bemerkenswerten Menschen und allen nur erdenklichen Experimenten, die »mich« schmücken sollten. In meiner eigenen Vorstellung wurde ich zu einer Sammlung spannender Abenteuergeschichten und zum Mittelpunkt einer Gruppe faszinierender Menschen.

Gleichzeitig hatte ich den Eindruck, dass Leute, die ein bescheidenes Leben zu Hause führten, kleinkariert und eingeschränkt waren. Natürlich gab es einige Ausnahmen. Emily Dickinson blieb zu Hause in Massachusetts und schrieb großartige Gedichte. Shakespeare kam wahrscheinlich nicht viel herum, veränderte die Welt jedoch intellektuell. Diese und andere begabte Leute schafften es, ohne viele Reisen und außergewöhnliche Menschen in ihrer

Umgebung innerlich ein bemerkenswertes Leben zu führen. Aber insgeheim hielt ich die meisten Menschen, die unauffällig und bescheiden lebten, vielleicht eine Familie versorgten oder bis zur Rente in ihrem Durchschnittsjob blieben, generell für langweilig und geistig eher beschränkt.

Aber natürlich lehrt die Zeit uns Demut und zwingt zum Überdenken mancher liebgewordener Ansichten. Es wurde mir allmählich klar, dass trotz meines glanzvollen, unabhängigen Lebensstils weitere Erfahrungen nicht unbedingt zu mehr Lebensqualität, tieferen Einsichten oder intensiveren Glücksgefühlen führten. Mit anderen Worten: Die Daseinsfreude und der Tiefgang eines Lebens hängen von unserer inneren Beziehung zu unserer eigenen Ganzheit ab, nicht von einer äußeren Ansammlung von Erfahrungen und Bekanntschaften.

Leo Tolstoi erzählte eine Geschichte über drei christliche Einsiedler, die jahrzehntelang auf einer Insel im Nordmeer vor der Küste Russlands lebten. Sie galten als sehr fromm und asketisch, und so beschloss der Bischof, der von ihrem Ruf gehört hatte, ihnen einen Besuch abzustatten und ihnen bei der Vertiefung ihres Glaubens zu helfen. Als er auf der Insel angekommen war, forderte er die drei auf: »Sagt mir, wie ihr zu Gott betet.«

»Wir beten so«, antworteten die Einsiedler, »ihr seid drei, wir sind drei, Herr, sprich uns von Sünden frei.«

Lächelnd erkannte der Bischof darin ihren fehlgeleiteten Versuch, die heilige Dreifaltigkeit zu ehren, und erklärte ihnen geduldig, dass diese Form des Gebets nicht korrekt sei. Viele Stunden lang legte er den Einsiedlern den Glauben dar und lehrte sie traditionelle Gebete, indem er sie die Sätze hundertmal wiederholen ließ. Als er sie verließ, dankte er Gott dafür, dass er ihn ausgesandt hatte, solchen würdigen, aber verwirrten Männern zu helfen. Zurück auf seinem Boot konnte der Bischof in dieser Nacht nicht schlafen, so aufgeregt war er über das, was er bei den Einsiedlern geleistet hatte. Nachdem einige Stunden vergangen waren, bemerkte er, wie sich etwas Helles und Leuchtendes im Mondlicht auf dem Meer bewegte. Als das Leuchten sich näherte, sah er, dass es die drei Einsiedler waren, die in großer Eile über das Wasser gerannt kamen.

»Wir haben deine Lehren vergessen, Diener Gottes«, verkündeten die Einsiedler, als sie das Boot erreicht hatten. »Solange wir die Worte ständig wiederholt haben, konnten wir sie uns merken, aber als wir eine Weile damit aufgehört hatten, entfielen sie uns wieder. Bitte lehre sie uns noch einmal.«

Verblüfft von dem, was er gerade gesehen hatte, verneigte sich der Bischof tief vor ihnen und sagte: »Euer eigenes Gebet wird den Herrn erreichen, ihr Männer Gottes. Ich bin nicht würdig, euch zu belehren.«

Als Ganzheit zu leben, verleiht jedem von uns Kraft und Würde, unabhängig von den scheinbaren Begrenzungen der Umstände, unseres Wissens oder unserer Lebenserfahrungen. Das Leben zu akzeptieren, ohne einen Gedanken daran zu verschwenden, wie es hätte sein sollen oder wie es sein könnte, erlaubt uns, die Wirklichkeit, so wie sie ist, wahrhaft zu genießen. Kürzlich sah ich eine Dokumentation über lateinamerikanische Ghettokinder in einer Schule in Los Angeles. Im Mittelpunkt des Films stand ein junges, leicht übergewichtiges Mädchen namens Mayra, das vielleicht neun oder zehn Jahre alt war. Sehr intelligent und redegewandt offenbarte Mayra in fließendem Englisch ihr innerstes Selbst auf eine Weise, wie man sie bei jungen Menschen selten findet, und jedes ihrer Worte machte sie liebenswerter.

Besonders beeindruckt war ich von Mayras Freude, als sie dem Filmteam stolz das Zimmer zeigte, in dem sie mit einer Schwester, ihrer Mutter und ihrem Onkel wohnte. Sie erklärte, wer in welchen Schlafkojen des ordentlich aufgeräumten Zimmers schlief, öffnete dann den einzigen Schrank und erläuterte, in welchen seiner sorgfältig aufgeteilten Abschnitte die einzelnen Familienmitglieder ihre Kleidungsstücke aufbewahrten. Wenn Mayra aus der Schule kommt, verbringt sie den größten Teil ihrer Zeit allein oder mit der Schwester in diesem Zimmer, während ihre Mutter und ihr Onkel als Dienstboten den Lebensunterhalt für die Familie verdienen. Aber als ich sie in den Stöckelschuhen ihrer Mutter herumstaksen und ein paar Tanzschritte für die Kamera vollführen sah, hatte ich das Gefühl, sie hätte sich genauso gut auf einer Bühne vor Tausenden von Zuschauern befinden können, so viel Spaß machte ihr die Sache.

Im erwachten Bewusstsein verlangen wir nicht mehr, dass unser Lebensumfeld uns glücklich macht, und wir hoffen auch nicht mehr darauf, dass wir unsere Ganzheit durch die Augen eines anderen erblicken. Mayra hat noch nicht gelernt, ihre Erfahrung dadurch abzuwerten, dass sie sich selbst erzählt, die Umstände ihres Lebens würden viel zu wünschen übrig lassen oder andere könnten sie bemitleiden. Ihre Freude ist das Glücksgefühl eines Menschen, der einfach mit sich einverstanden ist, ein voller Mond, der in einem kleinen gemieteten Zimmer tanzt.

Zufriedenheit

»Wer eine Freude an sich bindet,
der zerstört beschwingtes Leben;
doch wer im Flug sie küsst und findet,
lebt vom ew'gen Licht umgeben.«

WILLIAM BLAKE

Zufriedenheit ist vielleicht der am meisten unterbewertete Aspekt des Glücks in unserer Kultur. Meist sind wir durch Werbung und Gesellschaft so konditioniert, dass wir Zufriedenheit mit Langeweile gleichsetzen. Von früher Kindheit an wird uns die Botschaft vermittelt, dass Glück bedeutet, sich Dinge zu wünschen und sie zu bekommen. Ungefähr eine Woche nach dem Attentat auf das World Trade Center, bei dem fast dreitausend Menschen ums Leben gekommen waren, baten Regierung und Medien die Bevölkerung um Hilfe. Aber sie forderten uns nicht auf, uns klar zu machen, wie gut es uns eigentlich geht, oder die Unwägbarkeiten des Lebens zu bedenken und freundlicher miteinander umzugehen oder unsere Abhängigkeit von ausländischen Ressourcen zu verringern. Nein, die Regierung, die Werbung und die Medien sagten uns stattdessen, der wichtigste und patriotischste Akt bestehe angesichts der nationalen Tragödie darin, Produkte zu erwerben. Gebt Geld aus. Konsumiert wieder. Wie Roboter, die darauf programmiert sind zu kaufen, sollen wir in einer Art Rausch, auf den nicht einmal eine gewaltige Katastrophe ernüchternd wirkt, unverdrossen weiter konsumieren.

Ich sehe darin gar keine boshafte Konspiration von seiten der Regierung und der Unternehmen. Auch diese Organisationen bestehen aus Menschen, ganz normalen Menschen. Aber viele dieser Menschen gehen von einigen Trugschlüssen aus. Sie halten es für wünschenswert, dass man immer mehr will und gierig nach der nächsten Sache Ausschau hält. Damit wollen sie keineswegs eine gutgläubige Öffentlichkeit hinters Licht führen, sondern sie schließen von sich auf andere: Auch sie selbst wollen immer mehr Dinge haben und tun ihr Bestes, sie zu bekommen. Und zufällig sind sie in einer Position, in der sie sich das leisten können, indem sie die Massen dazu bringen, nach ebendiesem Muster zu handeln. Es ist ein riesiges Kartenhaus. Leider dauert es eine ganze Weile, bis den Mitspielern auffällt, dass sie dadurch nicht glücklich werden und dass der außer Kontrolle geratene Zug des grenzenlosen Konsums einen großen Teil des Lebens auf der Erde zerstört. Wenn wir alle zufriedener wären, würden wir weniger konsumieren. Deshalb wird Zufriedenheit zu einer der revolutionärsten Verhaltensweisen für einen Menschen in der westlichen Kultur. Aber sich zufrieden zu fühlen verstößt gegen alle kulturellen Normen und Konditionierungen, und deshalb ist diese Empfindung so selten.

Im Zustand des erwachten Bewusstseins durchdringt die Zufriedenheit jedoch unser Dasein, so wie der Geruch des Meeres eine tropische Brise durchzieht. Weil wir nicht durch Geschichten über das, was fehlt, abgelenkt sind, wird unsere Wertschätzung für das, was vorhanden ist, subtiler. Ein ehemaliger Anwalt aus der Unterhaltungsbranche und Fernsehautor, der an den Dharma-Dialogen teilnimmt, sagte mir kürzlich, er könne es kaum glauben, dass er fähig sei, vom Fenster seiner Wohnung aus die Vögel zu beobachten und sich dabei vollkommen zufrieden zu fühlen. Er hat nicht mehr das Bedürfnis, mit Medienreizen bombardiert zu werden, um sich unterhalten zu fühlen. Im Grunde empfindet er ein solches Bombardement inzwischen als einen Angriff auf seine Sinne. Sein Geschmack ist feiner geworden. Zufrieden mit einfachen Dingen und weniger interessiert an kunstvollen Dramen, fühlt er jetzt einen Frieden, den er während der vielen Jahre des Suchens und Besitzenwollens nie kannte.

Das größte Beispiel von Zufriedenheit, das ich kenne, ist vielleicht das Leben von Ramana Maharshi. Als einer der am meisten verehrten zeitgenössischen indischen Weisen erlebte Ramana mit gerade 16 Jahren 1896 ein außergewöhnliches Erwachen. Eines Tages nach Schulschluss überfiel den jungen Ramana der Gedanke an den Tod. Wie konnte es sein, dass jeder zum Sterben verurteilt war? Oder präziser, wie konnte es sein, dass *er* eines Tages sterben würde? Von Furcht ergriffen, legte er sich nieder und sann darüber nach, was es genau war, das sterben würde, und was vielleicht übrig bleiben würde. Innerhalb von zwanzig Minuten erkannte er das, was er als das Selbst bezeichnete: das Substrat des Daseins, das alles erfüllt. Weil er seine grundlegende Natur als dieses Substrat verstand, verließ ihn die Furcht vor dem Tod und kehrte nie wieder. Überdies war er erfüllt von Liebe, einer Wertschätzung des Selbst in allen seinen Formen. Er ging so in seiner neu gefundenen Daseinsfreude auf, dass er das banale Leben eines Schuljungen nicht mehr ertragen konnte. Das gewöhnliche Lernen erschien ihm als Ablenkung von seiner Versenkung in das Selbst. Sechs Wochen nach seiner Erweckung verließ er sein Zuhause und begab sich direkt zum Berg Arunachala, einem heiligen Wallfahrtsort, der ihm stets als mysteriöse Verlockung erschienen war.

Auf diesem Berg und in seinem Umfeld verbrachte Ramana sein ganzes weiteres Leben. Seine Zufriedenheit war so groß, dass er bis zu seinem Tod im Jahre 1950 den Arunachala nicht einmal für einen einzigen Tag verließ. Zunächst lebte er dort viele Jahre in vollkommenem Schweigen, hauste in einer Höhle und kleidete sich nur in einen Lendenschurz. Nach einiger Zeit sammelten sich Jünger um ihn, angezogen von der stillen Liebe, die er ausstrahlte. Schließlich entstand ein Ashram, in dem seine Anhänger und Besucher wohnten. Gelehrte, Schriftsteller, Staatsoberhäupter, spirituelle Lehrer und Sucher aus aller Welt erschienen, um in seiner Gegenwart zu sein. Im Laufe der Jahre beantwortete Ramana gelegentlich Fragen, aber die meiste Zeit schwieg er, half bei den alltäglichen Arbeiten im Ashram, kümmerte sich um die Tiere oder ruhte auf seiner Liege. Die Welt kam zu ihm, der nie die Welt gesucht hatte.

Ich war eine junge Frau, als ich zum ersten Mal ein Foto von Ramana Maharshi sah, das in seinen späten Jahren aufgenommen worden war. Ich erinnere mich, dass ich beim Anblick des Bildes dachte: »So würde ich in seinem Alter gerne aussehen.« Sein Gesicht strahlte Zufriedenheit aus, seine Augen waren auf die Ewigkeit gerichtet. Es war vielleicht das schönste Gesicht, das ich je gesehen hatte. Ich versuchte, einige seiner Lehren zu lesen, aber sie waren für meine komplizierten spirituellen Bedürfnisse und Überzeugungen damals zu schlicht und zu direkt. Es war eine lange Reise, bis ich zu ihnen heimfand. Wer hätte ahnen können, dass ich in Poonjaji, den ich fast zwanzig Jahre später kennen lernte, einen Lehrer finden würde, der selbst ein Schüler von Ramana Maharshi war?

Die tiefste Zufriedenheit kommt aus der Erkenntnis der alles durchdringenden Lebensenergie. Wir werden dabei Zeugen einer grenzenlosen kreativen Intelligenz, die sich unaufhörlich manifestiert. Ihr Kommen und Gehen nennen wir *Leben* und *Tod*. Aber aus einer anderen Perspektive ist alles Bewusstseinsenergie, die sich endlos und immer aufs Neue in Form und Formlosigkeit ordnet. Es ist nicht nötig zu fordern, dass ihre Geschöpfe der Form in irgendeiner Weise nach dem Tod weiterexistieren sollten, wenn doch die ihnen zugrunde liegende Wirklichkeit, aus der sie hervorgehen, grenzenlos ist. Mit diesem Wissen sind wir Zeugen der Ewigkeit, wenn auch nur für eine kurze Zeit.

Staunen

Die Sonne sank, während der Mond aufging. Sie standen jetzt beide gemeinsam am Himmel, die Sonne in leuchtendem Gold, der Mond in Perlsilber. Sie wusste, dass beide vom selben Licht erstrahlten, und fragte sich, woher dieses Licht kommen mochte. Was war überhaupt Licht? Sie sann nur kurz über diese Frage nach, bevor ihr Geist in Schweigen verfiel.

Anschließend dachte sie über die Existenz als solche nach. Warum gab es überhaupt irgendetwas? Auch diese Frage verschwand in den freien Raum. Noch einige andere Gedanken über den Ursprung und die Bestimmung von Dingen tauchten auf und verschwanden ohne Lösung, und sie blieb mit einem angenehmen Gefühl des Staunens zurück. Sie genoss es, dass sie so wenig wusste, und die Last, wissen zu wollen, mit dem Ende ihrer Suche aufgegeben hatte.

Seltsam, dass sie einmal gedacht hatte, es sei möglich, die Mysterien des Lebens zu enthüllen. Sie hatte verschiedene spirituelle und philosophische Traditionen studiert und sich an denen orientiert, die ihr am besten gefielen. Es waren umfassende und alte Systeme der Übung und Hingabe, deren Texte Tausende von Bibliotheken füllten. Sie hatte angenommen, wenigstens eine dieser Traditionen müsse die richtige sein. Aber das war während der Suche gewesen. Nun hatte sie solche Annahmen aufgegeben. Sie war von der Vermutung des Wissens zur Gewissheit des Nichtwissens gelangt.

Sie erinnerte sich an ähnliche Gefühle aus ihrer Kindheit. Damals hatte sie in einem großen Mysterium gelebt. Zwar war sie angesichts der endlosen Möglichkeiten des Daseins begeistert gewesen, aber sie hatte im Grunde nur wenig darüber nachgedacht. Ihre Tage als Kind waren viel zu reich und wunderbar gewesen, um sie mit Erwägungen über Dinge zu verschwenden, die sie nicht wissen konnte.

Nun hatte sie zu einem Gefühl des Staunens zurückgefunden, bewegte sich wieder in einem mysteriösen Universum und fühlte sich wie ein Kind. Sie wusste nichts über die Ursprünge ihres Daseins und hatte keine Ahnung, was als Nächstes kommen würde. Sie hatte keine Bücher, in denen sie Antworten hätte finden können, keine Traditionen, in denen sie Gleichgesinnte hätte treffen können, keine Überzeugungen, die ihr mehr versprochen hätten als diesen Augenblick. Und doch war sie nie zufriedener gewesen. Immerhin liebte sie Mysterien, und Mysterien umgaben sie.

Die Sonne war untergegangen. Schattierungen von Zwielicht und Mondlicht tönten den Himmel und spiegelten sich als große Bänder aus Purpur und Silber auf dem Fluss. Still beobachtete sie das faszinierende Spiel der Farben auf dem Wasser, deren geheimnisvolles Licht in ihren eigenen Augen widerschien.

Was ist das alles?

»Unsere Situation auf dieser Erde erscheint seltsam. Jeder von uns scheint hier unfreiwillig und ungebeten zu sein, für einen kurzen Aufenthalt, ohne zu wissen, warum. Für mich reicht es, über die Geheimnisse zu staunen.«

ALBERT EINSTEIN

Einer meiner Freunde kaufte für seine acht Jahre alte Tochter ein Teleskop, das sie in einer Vollmondnacht im Garten aufstellten. Er richtete das Objektiv so aus, dass der Mond vollständig darin zu sehen war, und ließ dann seine Tochter hindurchschauen. Erstaunt sagte das Mädchen: »Sieh mal, Dad, der Mond bewegt sich.« Der Vater erklärte ihr, dass der Mond tatsächlich die Erde umkreist, so wie die Erde sich um die Sonne dreht. In einem Augenblick der Offenbarung bekam das Mädchen große Augen und rief aus: »O mein Gott, wir sind ja im Weltraum!«

Fast jeder hat irgendwann einmal solche erstaunlichen Momente erlebt, in denen wir unser Dasein als unbegrenzt empfinden. Im erwachten Bewusstsein wird das zu einem normalen Gefühl. Es entspricht einfach der Wahrheit. Wie mein Lehrer es einmal ausdrückte: »Genau dieses *Jetzt:* Kannst du seine Breite, Höhe und Tiefe messen?« Diese Frage stößt den Geist hinaus in die unendliche Weite.

Im erwachten Bewusstsein begegnen wir den Mysterien des Lebens mit Ehrfurcht. Wir sind vielleicht entzückt von neuen Offenbarungen über unsere Welt, aber wir sind auch glücklich in der demütigen Erkenntnis, dass wir nicht viel über die Welt wissen. Herz und Verstand müssen aufrichtig sein, um anzuerkennen, dass wir nicht wirklich wissen, welchen Sinn das Dasein hat oder ob es überhaupt einen Sinn hat. Vielleicht ist die Vorstellung von einem Sinn einfach nur eine menschliche Einbildung.

Dass wir uns mit den Mysterien zufrieden geben, ist anscheinend ziemlich selten, denn die meisten Menschen wollen Antworten und trösten sich mit Glaubenslehren über die Ursprünge des Kosmos. Sie wollen etwas Bekanntes, ganz gleich wie irrational es sein mag. Aber jeder, der angesichts von Schönheit, Genie, Liebe, Geburt oder Tod schon einmal sprachlos war, jeder, der auch nur den profansten Aspekt dieser wunderbaren Existenz beobachtet und sich über die erstaunliche Intelligenz wundert, die das alles steuert, empfindet eine Lebendigkeit, zu der einem keine Religion und keine Überzeugung verhelfen kann.

Bei unseren Retreats wird das Gefühl des Staunens täglich stärker. Das hat mit der Beobachtungsgabe zu tun, die größer wird, wenn wir still sind und uns dem freien Strom der natürlichen Intelligenz überlassen. Wir stellen infrage, was wir einst sicher zu wissen glaubten, und dann nehmen wir alles mit einer solchen Klarheit wahr, als würden wir es zum ersten Mal sehen. Einer der Teilnehmer unseres Retreats meinte bei einer Morgensitzung scherzhaft: »Ich habe in den Spiegel gesehen und das Gesicht darin nicht erkannt, aber ich habe es trotzdem rasiert.« Er hatte sein eigenes Gesicht nicht erkannt, weil die Geschichten, die er damit so verband, seine Das-bin-ich-Gewohnheiten, einfach nicht mehr da waren.

Seit meiner Kindheit habe ich ähnliche Erfahrungen mit dem Gesicht im Spiegel gemacht. Ich erinnere mich, wie ich als junges Mädchen an Spiegeln vorbeikam und stehen blieb, um neugierig das Geschöpf anzusehen, das da reflektiert wurde. Ich betrachtete mein Bild mit intensivem, aber unpersönlichem Interesse, als sei ich um eine Ecke gebogen und hätte plötzlich meinem Klon gegenübergestanden. Ich weiß noch, dass ich dabei nicht nur das Gefühl hatte: »Was ist das?«, sondern dass mein Bewusstsein sich mit dem größeren Gefühl: »Was ist das alles?« von seinen gewöhnlichen Grenzen befreite.

Wie kann unser Bewusstsein angesichts der Kostbarkeit des Daseins und unserer kurzen Lebenszeit sein natürliches Staunen verlieren? Wie können wir so abstumpfen, dass wir uns im Zeittakt einfach nur noch vorwärts bewegen, Checklisten abarbeiten, nach Bedarf mit anderen konkurrieren und Sonderangebote kaufen? Was hindert unsere natürliche Intelligenz daran, das Leben in diesem großen Mysterium voller Dankbarkeit anzunehmen? Zwei Hauptschuldige sind Furcht und Zynismus.

Furcht kann man natürlich lernen und kultivieren. Kinder, die von klein auf mit allerlei religiösen Überzeugungen indoktriniert werden, wachsen auf mit entsetzlichen Bildern von dem, was geschieht, wenn sie nicht an die Version der Wirklichkeit glauben, die ihnen von ihrer jeweiligen Religion angeboten wird. Man sagt ihnen beispielsweise, sie würden für immer in der Hölle schmoren. Es ist leicht und deshalb unfair, ein Kind zu indoktrinieren. Wenn man dann noch mit ewiger Verdammnis droht für den Fall, dass die Doktrin angezweifelt wird, ist es wirklich ein Wunder, wenn irgendjemand zu zweifeln wagt. Kinder, die sich nicht trauen, Fragen zu stellen, akzeptieren diese Furcht und versuchen, sich so zu verhalten, wie ihre Religion es von ihnen fordert, ein Versuch, der häufig misslingt.

Einer meiner Freunde, der als Katholik aufwuchs, sagte mir, er habe mit 14 zum ersten Mal ein Mädchen geküsst. Als ihre Lippen sich berührten, habe er gewusst, dass er in die Hölle kommen würde, weil es völlig ausgeschlossen war, dass er weiteren Gelegenheiten zum Küssen würde widerstehen können. Jahrelang lebte er mit seinen Schuldgefühlen, bis er schließlich begann, das gesamte Dogma infrage zu stellen, auf dem seine Furcht und die Unterdrückung natürlicher Instinkte beruhten. Er war mutig, befreite sich von den Fesseln seiner Erziehung und ist seitdem frei geblieben. Viele andere sind nicht so glücklich und versinken in Lustlosigkeit und Resignation. Sie erinnern mich an Zootiere, die von Natur aus durch die Serengeti streifen müssten, statt dessen aber in einem engen Käfig gefangen sind. Ganz ähnlich ergeht es auch Menschen, die durch ihre Furcht an ein Glaubenssystem gefesselt sind: Sie haben jedes Gefühl von Staunen verloren und drehen sich stumpfsinnig um die eigene Achse. Dieser Zustand ist eine Brutstätte für Elend und schändliches Handeln, wie wir heutzutage sehr leicht an der Terrorherrschaft repressiver religiöser Fundamentalisten beobachten können.

Furcht kann sich auch entwickeln, ohne dass andere uns Glaubenssysteme aufzwingen. Viele Menschen wachsen in liberalen und weltlich orientierten Familien auf und verfangen sich schließlich doch in Glaubenssystemen, die durch nichts zu belegen sind. Das hängt mit den mächtigen Widerständen zusammen, die wir dem Unbekannten entgegenbringen. Diese Widerstände beruhen vielleicht sogar auf einer genetischen Disposition, einem Aspekt der Evolution, der Planung begünstigt. Es ist ganz natürlich, dass Menschen wissen wollen, was auf sie zukommt, und sich davor fürchten, sonst die Kontrolle zu verlieren. Aber auch hier begrenzt das Vertrauen in Glaubenssysteme aus Furcht vor dem Unbekannten unsere Bereitschaft zu staunen und macht unser Leben enger.

Zynismus basiert ebenfalls auf Überzeugungen, die sich allerdings von den zuvor dargestellten unterscheiden. Der Effekt ist jedoch der gleiche: Das Licht des Lebens wird verdunkelt. Zynismus, so heißt es, sei manchmal einfach die Enttäuschung eines früheren Idealismus. Der ehemalige Idealist, der ursprünglich vielleicht ein Anhänger traditioneller oder exotischer Glaubenssysteme war, muss irgendwann feststellen, dass sie unbefriedigend sind, und wird zum Zyniker, wobei ihm leider die Wunder des Lebens entgehen.

Der Zyniker geht davon aus, dass die Gesetze, die das Leben beherrschen, absolut mechanistisch und bestenfalls indifferent sind, im schlimmsten Fall bisweilen sogar grausam. Solche Schlussfolgerungen basieren auf unvollständigen Beweisen, bei denen übersehen wird, in welchem Ausmaß Liebe, Gnade, Schönheit, Intelligenz und Güte das Leben bestimmen. Zynische Schlussfolgerungen gehen außerdem von unbewiesenen Annahmen aus, in denen das Leben nur als ein Konglomerat von Elementen betrachtet wird, die aus Gas und Staub entstanden sind und nun ziellos im Weltraum herumwirbeln. Ja, wir sind aus Gas und Staub hervorgegangen, aber die zynische Schlussfolgerung berücksichtigt nur unzureichend, dass es eine kosmische Intelligenz gibt, die das Leben steuert und sich auch im winzigen Mikrokosmos unserer eigenen Intelligenz manifestiert. Bisher haben wir noch nicht einmal diese irdische Intelligenz verstanden, unser Bewusstsein, das so greifbar nahe ist. Jede Annahme über den Sinn oder die Sinnlosigkeit der kosmischen Intelligenz ist deshalb voreilig.

Mit ihren Hoffnungen und Fantasien kommen die Anhänger von Religionen oder New-Age-Philosophien den Geheimnissen des Daseins nicht näher, aber dasselbe gilt für die Zyniker mit ihren Annahmen einer mechanistischen Sinnlosigkeit. Beiden Gruppen würde es gut tun, ihre vermeintlichen Gewissheiten aufzugeben und damit die Schleusen zu öffnen, durch die das Staunen in ihr Leben einströmen kann. Im Zustand des erwachten Bewusstseins herrscht eine natürliche Wachsamkeit in beide Richtungen – Hoffnung und Zynismus –, eine Intelligenz, die das Unbehagen bemerkt, das sich einstellt, wenn man sich auf eine Überzeugung verlässt, die nicht beweisbar ist, oder aus einer unglücklichen Stimmung heraus das Leben für sinnlos hält. Die beste Erfahrung – und die wahrhaftigste – ist die des Mysteriums.

Was ist das alles? Im erwachten Bewusstsein brauchen wir keine Antworten auf existenzielle Fragen. Wir sind damit zufrieden, mit diesen Fragen zu leben, und stellen manchmal fest, dass auch sie sich auflösen. Alles was übrig bleibt, ist Staunen. Es ist die Rückkehr zur Unschuld und gleichzeitig ein spirituelles Reifwerden: die Augen weit geöffnet und weise, zu Hause ohne eine feste Bleibe. Diese Eigenschaft verleiht der Intelligenz eine dauerhafte Frische, die man nicht in den gerunzelten Brauen des Fragenden findet, der wissen will, sondern im Gesicht des Kindes, das in den nächtlichen Himmel schaut.

Faszination

Vor Jahren sprach ein Ingenieur bei einem Dharma-Dialog über ein Thema, das ihm Sorgen machte. Er sagte, er würde zu viel grübeln, vor allem darüber, wie die Dinge funktionieren. Er meinte, diese intensive Neugier weise auf einen Geist hin, der nicht still sein könne und ständig Ablenkung brauche. Als Beispiel beschrieb er sein Interesse daran, wie die elektrische Beleuchtung in dem Raum, in dem wir saßen, angebracht war, und währenddessen leuchteten seine Augen vor Erregung. Aber es war ihm peinlich, dass ihn die materielle Welt so faszinierte, denn er meinte, mit dieser Faszination könne er kein spiritueller Mensch sein.

Die Annahmen des Ingenieurs über Neugier sind nicht so unbegründet, wie sie vielleicht scheinen. Es gibt viele spirituelle Schulen und Traditionen, die das Interesse an der Welt scheuen. Sie wollen uns glauben machen, dass unsere Welt nur eine Falle der Illusion ist und dass die Begeisterung über weltliche Dinge auf einen Geist hinweist, der den Täuschungen erlegen ist. Wie ich schon in einem früheren Kapitel erwähnt habe, gibt es diese Ideen reichlich in Traditionen der reinen Transzendenz, die sich ein höheres Reich vorstellen und weltliche Attraktionen für Fallen halten, die man meiden sollte.

Aber es ist ein großes Missverständnis zu denken, für ein spirituelles Leben müsse man auf weltliche Neugier verzichten. Auch wenn es gelegentlich Menschen wie Ramana Maharshi gibt, deren Interesse an der materiellen Welt nachlässt und die sich lieber in die vollkommene Stille zurückziehen, so muss das nicht zwangsläufig für jeden gelten, der in erwachter Bewusstheit lebt. Wie alles an uns, sind auch unser Staunen und unsere Faszination einzigartig für jeden von uns.

Und es ist schon seltsam, was uns alles fasziniert. Vor der Veröffentlichung seines Buches *Über den Ursprung der Arten* hat Charles Darwin fast ein Jahrzehnt mit der Untersuchung von Rankenfußkrebsen zugebracht. Sein Haus war voller Rankenfüßler, weil Sammler aus aller Welt ihm immer wieder neue Proben schickten. Darwins Faszination war so eindeutig ein Teil seines häuslichen Lebens, dass sein kleiner Sohn nach einem Besuch bei Nachbarn unschuldig fragte: »Aber wo hat er seine Rankenfüßler?« Für das Kind war es vermutlich eine überraschende Entdeckung, dass nicht alle Männer von Rankenfüßlern fasziniert sind.

Wir können gleichermaßen von dem fasziniert sein, was wir als materielle Form erkennen, wie von dem, was wir in seiner Formlosigkeit nur erahnen. Obwohl der Dalai Lama sein Leben der Meditation und dem Studium des Dharma geweiht hat, wollte er immer gerne wissen, wie mechanische Dinge funktionieren. Er wurde zwar schon im Alter von vier Jahren als politisches und spirituelles Oberhaupt der Tibeter anerkannt und war deshalb der privilegierteste junge Mann in seiner Heimat, aber nichts machte ihm mehr Spaß, als Dinge zu reparieren. Im Norbulingka-Palast, wo der Dalai Lama als Kind die Sommermonate verbrachte, gab es einen altersschwachen Generator, mit dessen Hilfe elektrisches Licht erzeugt wurde. Für den jungen spirituellen Anführer war das ein guter Vorwand, das Gerät in Einzelteile zu zerlegen und dabei zu lernen, wie Verbrennungsmaschinen funktionieren. Später bastelte er an einem Filmprojektor herum und dann an verschiedenen Autos, die zerlegt über den Himalaja in seine abgeschiedene Heimat transportiert worden waren. Sein Interesse daran, wie die Dinge funktionieren, hat Jahrzehnte überdauert. In einem Dokumentarfilm unter dem Titel *Compassion in Exile* kann man ihn sehen, wie er Armbanduhren zerlegt, um sie anschließend wieder zusammenzubauen, wobei er fröhlich erklärt, das sei seine Art sich zu entspannen.

Einstein war von etwas fasziniert, das wir für selbstverständlich halten, aber im Grunde nicht verstehen. »Für den Rest meines Lebens«, sagte er, »möchte ich darüber nachdenken, was Licht ist.«

Wer weiß, was uns eines Tages fesseln wird? Was es auch

sein mag, wenn wir darüber ins Staunen geraten, sind wir mit dem Göttlichen verbunden. Im erwachten Bewusstsein vertrauen wir darauf, dass unsere Faszination ein Aspekt des Daseins ist, das sich selbst durch einen anderen Aspekt des Daseins erkennen will, wie die Facetten eines Edelsteins, von denen jede die Farbe der anderen widerspiegelt. Wenn unsere Aufmerksamkeit nicht durch Neurosen ermüdet, dann ist sie frei, sich allem zuzuwenden, was sie anspricht, seien es nun Rankenfüßler oder die schweigende Versenkung in das Dasein. Unser Bewusstsein verschmilzt mit dem Gegenstand, dem das Interesse gilt, und wir erleben ein wunderbares Gefühl der Selbstvergessenheit, das eigentlich eine erinnerte Lebendigkeit ist. Das ist gemeint, wenn wir sagen, dass wir uns hingeben oder in etwas versenken, das wir lieben. »Sie versenkte sich stundenlang in das Gemälde.« »Er gab sich seinen Holzbasteleien hin.« »Sie versenkten sich in den Anblick des jeweils anderen.« Die direkte Erfahrung ist eigentlich die, dass wir ganz und vollständig präsent sind, uns nicht »versenkt« oder »hingegeben«, sondern wiedergefunden haben. Wir sind in solchen Situationen nicht mehr besessen von unserem kleinen Ego, und so ist es nur das beschränkte Gefühl des Ich, das wir hingegeben haben. Gefunden haben wir dagegen ein größeres Gefühl des Daseins.

Ein Geist, der seine Selbstbesessenheit und begrenzenden Überzeugungen aufgegeben hat, ist frei für Faszination, für Staunen, für Liebe. Im erwachten Bewusstsein ist Faszination eigentlich eine Art von Liebe, die Sehnsucht, sich selbst in der uneingeschränkten Erkundung des Anderen vollständiger zu erfahren. Unser Bewusstsein ist gezwungen, sich zu erweitern, um Neues aufzunehmen, und das Bewusstsein auf diese Weise zu erweitern ist belebend, so als würden wir einen engen Anzug ausziehen und uns in unseren Pyjama oder in die Arme unseres Liebsten kuscheln.

Ich habe mich oft gefragt, warum die Menschen auf der ganzen Welt Filme lieben. Film und Fernsehen sind zu den bedeutendsten Unterhaltungsmedien der Welt geworden; das Verlangen nach Filmen und Fernsehserien ist kulturübergreifend. Natürlich reichen die Vorläufer von Film und Fernsehen – das Theater und die schauspielerische Darstellung – viele Jahrhunderte zurück. Warum sind wir so fasziniert, wenn Geschichten dargestellt werden? In meinem Fall hat es mit der Erfahrung von verdichtetem Leben zu tun. Nachdem ich mich von einem Film habe davontragen lassen, komme ich mit dem Gefühl aus dem Kino, als hätte ich gerade verschiedene andere Leben gelebt, die völlig anders sind als mein eigenes. Mein Bewusstsein hat sich auf eine andere Wirklichkeit eingelassen und sie angenommen. Filme anzuschauen und dabei zu erfahren, wie das Leben in eine kurze Bildergeschichte verdichtet wird, ist ein permanentes Verschmelzen mit der Manifestation des Daseins, ein Vorgang, bei dem wir lernen, wie sich das Eine im Vielen offenbart, und umgekehrt das Viele im Einen. Wir spüren, wie es sich *anfühlt*, einer der anderen zu sein, uns über die Probleme des Helden Gedanken zu machen oder an den Freuden der Heldin teilzunehmen. Wir (jedenfalls die meisten von uns) wollen, dass die Guten gewinnen, aber im Theater applaudieren wir auch dem Bösewicht, vor allem wenn er seine Rolle überzeugend spielt. Auch er gehört mit in unsere erweiterte Vorstellung von dem, was wir sind, und er zwingt uns, seine inneren Qualen mit ihm zu fühlen.

Letztlich ist diese Liebe zum Fühlen die Triebkraft der Faszination – uns selbst neu zu spüren, unsere Wahrnehmung durch Verständnis und Empathie zu erweitern, und durch Neugier zu beleben. Im erwachten Bewusstsein wenden wir uns nicht von der Faszination ab, sondern heißen sie willkommen als einen Aspekt der Leidenschaft, der uns vermittelt, dass wir voll und ganz lebendig sind.

Abenteuergeist

»Die wirkliche Entdeckungsreise besteht nicht darin, neue Landschaften zu suchen, sondern mit neuen Augen zu sehen.«

MARCEL PROUST

Das Erwachen des Bewusstseins wird manchmal damit verglichen, dass man in eine Welle der kosmischen Intelligenz hineingezogen wird. Wir stehen am Ufer der konditionierten Gedanken und Ideen, klammern uns an einen Zweig des Dogmas, hoffen, uns daran festhalten zu können, und plötzlich rauscht die wirbelnde weiße Gischt heran und reißt uns den Boden unter den Füßen weg. Wir können uns dieser Welle nur überlassen und die wilde Bewegung genießen. So ist es, wenn unsere konditionierten Gedanken nicht mehr im Weg stehen und die Intelligenz der kreativen Daseinsenergie durch uns hindurchrauscht. Plötzlich nehmen wir Anteil an dem, was geschieht. Der Wechsel vom Dogma zum Unbekannten ist auch ein Wechsel von der Dumpfheit zur Lebendigkeit, und das Leben wird eine Erkundungsreise, eine Feier.

Die Bereitschaft zum Abenteuer ist ein Impuls, der aus dem Staunen hervorgeht. Obwohl die meisten Leute Abenteuer vorwiegend mit Reisen gleichsetzen, ist es sowohl in Bewegung als auch in Ruhe möglich. Unser Körper bleibt vielleicht genau da, wo er ist, und doch können wir uns auf einer unglaublichen Reise mit einer Kaskade von Einsichten befinden. Man muss dafür keine weiten Strecken zurücklegen. Einige meiner größten Abenteuer haben sich auf engstem Raum ereignet, entweder in aller Stille oder im intimen Zusammensein mit anderen.

Viel von dem, was uns zum Abenteuer zieht, ist der Drang, uns selbst auf neue Weise zu erleben. Wir möchten die wunderbare Erweiterung spüren, die eintritt, wenn wir mit etwas verschmelzen, das neu und anders ist. Es geht dabei nicht um das Ding als solches – die neue Stadt, das Museum, den einsamen Strand, den Tempel, die Gondelfahrt, den Berg –, sondern darum, wer wir in der neuen Erfahrung sind. Das eigentliche Abenteuer spielt sich in unserem Inneren ab. Es ist eine spirituelle Erfahrung, unser inneres Gefühl des Daseins. Immer wieder überraschen wir uns selbst, entdecken aufs Neue das Mysterium, wer wir sind, wenn wir uns auf völlig neue Situationen einlassen.

1977 besuchte ich mit meinem ältesten Freund, Alan Clements, das Gebiet von Ladakh in Indien. Während einer zweitägigen Busfahrt ging es über Stock und Stein von Srinagar in Kaschmir über die wohl schlimmste Straße der Welt in die hoch gelegene Einöde des Himalaja, wobei der Bus oft haarscharf an steilen, kilometertiefen Abhängen vorbeischlingerte. Hin und wieder mussten die Fahrgäste aussteigen, um nach einem Steinschlag Felsbrocken von der Straße zu räumen. Und gelegentlich passierten wir auch steinerne Markierungen, aufgestellt zur Erinnerung an die Passagiere eines anderen Busses, der den Abhang hinuntergestürzt war.

Ladakh, am Rande der tibetischen Hochebene gelegen, glich damals wahrscheinlich mehr dem alten Tibet als das zeitgenössische Tibet selbst, das unter chinesischer Herrschaft stand (und bis heute steht). Die Hochebene von Ladakh sieht aus wie eine Mondlandschaft, die überwiegend aus Wüste und Felsen besteht. In einer durchschnittlichen Höhe von fast 4000 Metern ist die Luft dünn, und die Farben des Himmels und der Berge wirken besonders lebendig.

Damals gab es in Ladakh noch kaum Touristen und folglich auch nur wenige Unterkünfte für Besucher. Wir fanden ein Dachzimmer bei einer Familie in der Hauptstadt Leh und erhielten dort täglich eine schockierend kleine Wasserration, die gerade reichte, um sich damit die Zähne zu putzen und das Gesicht zu waschen. Trinkwasser und zusätzliches Waschwasser mussten wir uns auf dem Markt besorgen und teuer bezahlen.

Menschen mit den zerfurchten Gesichtern von Bergbewohnern, gekleidet in farbenprächtige Gewänder und geschmückt mit Türkisen und Korallen, gingen auf dem Markt ihren täglichen Geschäften und Gebeten nach, fast alle bereitwillig lächelnd, wenn man sie zufällig ansah. Abgesehen von den Jungen, die sich gelegentlich als »Führer« anboten, sprach niemand Englisch. Es gab keine Autos, keine Radios, keine Fernsehgeräte. Nur die entfernten Klänge seltsamer Hörner und Holzflöten unterbrachen bisweilen die relative Stille.

Unser Besuch in Ladakh war eine Pilgerreise für uns, mit dem Ziel, einer alten buddhistischen Kultur unseren Respekt zu erweisen. Wir waren damals praktizierende Buddhisten und wollten einige Tempel besuchen und am Alltagsleben der Menschen dort teilnehmen. Wir hatten die Fahrt geplant, während wir uns mehrere Monate in den südlicher gelegenen Gebieten Indiens aufgehalten hatten, und auf der langen Reise nach Norden waren unsere Träume von Ladakh durch Kiplings Schilderungen geprägt. Wir waren beide zwar schon durch andere exotische Länder gereist, wussten jedoch, dass wir wahrscheinlich noch nie etwas gesehen hatten, was Ladakh gleichkam.

Man hatte uns gewarnt, dass die einzigen anderen »Ausländer« in der Gegend indische Soldaten und Offiziere sein würden, die in Ladakh wegen der Nähe zur pakistanischen Grenze eine starke Präsenz zeigten. Ich hielt es damals für eine Schande, dass diese wunderschöne, unberührte Gegend durch ein großes militärisches Aufgebot entwürdigt wurde.

Eines Tages, als wir über den Markt schlenderten, grüßte uns ein untadelig gekleideter Offizier der indischen Armee mit einem blauen Sikh-Turban auf dem Kopf. Wir grüßten freundlich zurück und gingen weiter. Am nächsten Tag begegneten wir demselben Offizier erneut. Diesmal sprachen wir kurz miteinander. Ich hatte das Gefühl, dass sich der Offizier ein wenig nach anderer Gesellschaft als der seiner Kameraden sehnte. Er erzählte uns, dass keiner der Soldaten seine Familie bei sich hätte.

Als wir ihn zum dritten Mal trafen, lud er uns für den Abend zum Essen in das Offizierskasino ein. Da wir abends sonst nichts zu tun hatten und dachten, das sei eine günstige Gelegenheit, an eine ordentliche Mahlzeit zu kommen, nahmen wir die Einladung an. Damit begann ein bizarres Kapitel unserer Reise. Während der nächsten Wochen verbrachten wir unsere Abende mit der Elite der indischen Armee in Ladakh und freundeten uns mit dem General und seinen höheren Offizieren an. Wir aßen importierte Delikatessen, tranken Wein, spielten Karten, blieben bis Mitternacht und wurden von Armeefahrern nach Hause gebracht. Als es schließlich Zeit zur Abreise war, ließ der General uns sogar in seinem Jeep zurück nach Kaschmir bringen .

Je mehr wir über unsere Gastgeber erfuhren, desto faszinierender erschienen sie uns. Weil Ladakh als potenzielles Krisengebiet galt, hatte die Armee ihre besten Offiziere hier stationiert. Fast alle hatten an den feinsten Universitäten in England studiert, beherrschten fließend mehrere Sprachen und kannten sich in der Welt aus. Jeden Abend verflog die Zeit bei anregenden geopolitischen Gesprächen oder auch Diskussionen über Spiritualität, Kunst und Wissenschaft.

Bei unseren ersten Besuchen empfand ich noch ein leichtes, störendes Schuldgefühl. Wir hatten diese weite Reise unternommen, um die faszinierende Kultur von Ladakh zu erleben. Und nun ließen wir uns von westlich geprägtem Komfort verwöhnen (was in diesem Umfeld reichlich deplatziert wirkte) und trieben uns beim Militär herum. Was taten wir da um Himmels willen? Wir praktizierten ernsthaft den Dharma, waren Suchende, die außerhalb der konventionellen Normen lebten, und hatten aus Prinzip Vorbehalte gegen militärische Organisationen. Warum verschwendeten wir unsere Zeit in einer Umgebung, die so eindeutig nichts mit unserem wahren Weg zu tun hatte? Jeden Abend, wenn wir das Kasino verließen, war ich mir fast sicher, dass wir am nächsten Abend nicht zurückkommen würden, aber wenn es dann so weit war, saßen wir wieder dort. Ich hatte das Gefühl, nicht mehr zu wissen, wer ich war und wofür ich stand, als würde ich in eine Art Unterwelt abrutschen.

Nach einigen Tagen hatte sich mein Bewusstsein angepasst und erweitert, um die neue Erfahrung aufzunehmen. Ich musste mich einfach an meinen Instinkten und Gefühlen orientieren. Wir hatten uns mit diesen Leuten angefreundet. Sie verhielten sich uns gegenüber nett und großzügig und schienen kein besonderes Interesse an blutrünstigen Schlachten zu haben. Sie waren einfach Männer, die auf einem fernen Außenposten ihre Arbeit taten und das Beste daraus machten, dass ihre Familien nicht bei ihnen waren. Sie widmeten sich der Aufgabe, ihr Land zu schützen, und ich lernte im Laufe der Zeit, diese Bemühungen zu schätzen. Weil sie unsere Sprache beherrschten, waren diese Offiziere die einzigen Leute in der Gegend, zu denen wir eine Bindung entwickelt hatten. Mein Herz öffnete sich und ließ sie hinein, und dort leben sie bis auf den heutigen Tag. Wenn ich an meine Zeit in Ladakh denke, dann sehe ich die Gesichter dieser Offiziere. Ja, wir waren in ein Land gereist, das räumlich und zeitlich sehr entfernt lag, und unterwegs hatten wir viele Abenteuer erlebt. Aber aus dieser Erfahrung habe ich einmal mehr gelernt, dass die wirklichen Abenteuer im Herzen stattfinden.

Spiegel der Schöpfung

> *»Es ist allein das Unbefleckte,*
> *das sich selbst auf natürliche Weise betrachtet.«*
>
> NYOSHUL KHENPO RINPOCHE

In der modernen Astronomie geht man davon aus, dass unser Sonnensystem vor ungefähr viereinhalb Milliarden Jahren entstanden ist, als sich eine Wolke aus interstellaren Gasen und Staub verdichtet und dabei eine breite und ziemlich flache Scheibe gebildet hat. In ihrem dichten Zentrum hat sich die Sonne geformt, ein grell funkelnder

Ball aus thermonuklearem Feuer, der Millionen von Felsbrocken herumwirbelte, von denen einige miteinander verschmolzen und Planeten bildeten. Dieser Prozess wiederholt sich offensichtlich immer wieder im gesamten Kosmos. 1994 schickte uns das Hubble-Weltraumteleskop blendende Bilder von neuen Sternen, die sich auf ähnliche Weise im Sternbild des Orion formen. Man schätzt, dass sich allein im beobachtbaren Universum jede Sekunde ungefähr hundert solcher Sonnensysteme bilden.

Heute drehen sich die Planeten zusammen mit anderen großen Materieteilen aus dem Weltraum auf derselben flachen Umlaufbahn um das feurige Zentrum unseres Sonnensystems, wie sie es von Anfang an getan haben. Dramatisch geändert hat sich jedoch die phänomenale Vielfalt des Lebens auf dem Planeten, welcher der Sonne am drittnächsten steht, unserer Erde. Mit ihren offenbar sehr günstigen Lebensbedingungen befindet sich die Erde strategisch nicht zu nah an der Sonne und nicht zu weit von ihr entfernt. Vor verheerenden Kollisionen mit intergalaktischen Materiebrocken wird sie weitgehend durch ihren massiven Nachbarplaneten Jupiter geschützt, der bisher die meisten Einschläge für uns aufgefangen hat.

Zunächst entstand organische Materie durch das Sonnenlicht oder sie fiel aus dem Weltraum auf die Erde, und daraus entwickelten sich vor fast vier Milliarden Jahren die Bausteine für primitives Leben. Die ersten durch fossile Zeugnisse belegten Lebensformen bezeichnet man als Stromatolithen. Dabei handelt es sich um versteinerte Ansammlungen von Bakterien, die etwa dreieinhalb Milliarden Jahre alt sind. Man nimmt jedoch an, dass die Stromatolithen sehr viel primitivere Vorfahren hatten, bei denen es sich wohl um einzellige Organismen oder kleine Molekularsysteme gehandelt hat, aber die fossilen Funde reichen nicht so weit zurück, weil die damalige Erdkruste inzwischen zu weit im Erdinneren liegt.

Aus diesen bescheidenen Anfängen hat sich das Leben in einer gewaltigen Woge der Kreativität entwickelt. Während der nächsten paar Milliarden Jahre und trotz zahlreicher Katastrophen, bei denen viele Arten ausgelöscht wurden, überdauerten immer mehr Lebewesen in den Weltmeeren und schließlich auch auf dem Land. Die gegenwärtig geschätzten dreißig Millionen Arten auf der Erde repräsentieren wahrscheinlich nur ein Prozent aller Arten, die je gelebt haben. Von den heute lebenden Arten erschien ein relativer Neuling, bekannt als Homo sapiens, vor ungefähr hunderttausend Jahren auf der Bildfläche und entwickelte sich zur dominanten und am stärksten selbstreflektierenden Lebensform überhaupt. Durch eine bemerkenswerte evolutionäre Entwicklung zu Wasser und zu Lande hat sich das Leben aus Gas und Staub schließlich zu einem Geschöpf entwickelt, das sich fragt: »Wer bin ich und woher komme ich?« Der verstorbene Astronom Carl Sagan hat diesen Prozess als die Selbstbetrachtung eines Sterns beschrieben.

Selbstreflexion ist zwar nützlich, doch wir zahlen einen hohen Preis dafür. Als Menschen sind wir uns stets bewusst, dass wir eines Tages sterben müssen und dass wir während unseres Lebens sehr verwundbar sind. Wie alle

Säugetiere sind wir empfindliche Geschöpfe, und diese Schwächen kompensieren wir mit Klugheit und einer außergewöhnlichen Fähigkeit, uns an unsere Umwelt anzupassen oder sie zu verändern. Gleichwohl hängt der Schatten des Todes wie ein Damoklesschwert über allen unseren Aktivitäten und über jedem kostbaren Augenblick.

Aus Höhlenmalereien und Artefakten wissen wir, dass die Menschen überall auf der Welt, als sie sich im Zuge der Evolution ihrer Sterblichkeit bewusst wurden, Mythen und Geschichten über ein Leben nach dem Tod entwickelt haben. Es ist verständlich, dass solche Mythen und Hoffnungen nötig waren, um Furcht und Angst der primitiven Menschen zu besänftigen. Vielleicht war es sogar eine evolutionäre Notwendigkeit für unsere Vorfahren, sich angesichts ihres kurzen, gefährlichen Lebens, in dem sie sogar befürchten mussten, bei lebendigem Leib gefressen zu werden, mit solchen Vorstellungen zu trösten. Mythen müssen dazu beigetragen haben, ihre Furcht zu verringern und ihrem Leben einen Sinn und ein Gefühl der Zugehörigkeit zu geben, das Wissen, wo man in der Welt seinen Platz hat. Das funktionierte recht gut, solange es nur wenige Menschen auf der Erde gab und man nur selten auf jemanden stieß, der eine völlig andere Vorstellung vom Sinn des Lebens oder davon hatte, was nach dem Tod geschieht. Aber dann begannen die Menschen sich zu vermehren und wurden mobil genug, um auf andere Gemeinschaften zu treffen. Sie begannen sich wegen ihres Glaubens gegenseitig zu töten und tun das bis heute.

Ist es möglich, dass die evolutionäre Reise uns jetzt in

eine Situation führt, in der wir die Mythen durch Staunen ersetzen können? Könnte unsere unmittelbare Verbindung mit dem Leben uns helfen, den Tod zu akzeptieren? Im erwachten Bewusstsein erleben wir direkt den Atem des Daseins, ohne seinen Ursprung oder sein Ziel zu kennen. Das genügt für ein Gefühl der Zugehörigkeit, weil wir spüren, dass diese Lebensenergie alles andere durchdringt. Diese Erfahrung lässt uns auch das *unpersönliche* Weiterexistieren verstehen, keine Fortdauer des persönlichen *Ich*, sondern der fundamentalen Essenz, aus der wir hervorgegangen sind und die jede unserer Zellen belebt.

Viele Vorstellungen der modernen Wissenschaft decken sich mit diesen Gefühlen, was erklärt, warum so viele Wissenschaftler mystische Neigungen haben. Je besser wir die Natur verstehen, desto größer ist paradoxerweise das Mysterium der Intelligenz, die alles steuert. Wissenschaft ist daher kein Abschied von der Mystik, sondern umfasst letztlich auch diese. Wissenschaft ist eine Bedrohung für die Religion, nicht für die Mystik. Wissenschaftliche Entdeckungen widerlegen ständig viele religiöse Überzeugungen, während sie gleichzeitig die Existenz einer Intelligenz offenbaren, die alles durchdringt, eine Erkenntnis, die vollkommen mit der mystischen Erfahrung übereinstimmt.

Wenn Wissenschaftler oder Mystiker tief in das hineinblicken, was ihnen als Leere oder Weltraum erscheint, dann finden sie eine Art lebendiger Gegenwart. Aus der Quantenphysik wissen wir heute, dass Teilchen aus der so genannten Leere kommen, aus dem absolut leeren Raum.

Wir können alle Teilchen aus einem beliebigen Raum entfernen, so dass sich scheinbar nichts mehr darin befindet, und plötzlich werden Elementarteilchen auftauchen. Sie erscheinen einfach aus dem leeren Raum. Irgendwie sind sie *als Potenzial* schon dort. Aus welcher Energie mag sich dieses Phänomen der Fruchtbarkeit speisen? Ich habe meinen Lehrer einmal gefragt, ob seiner Ansicht nach Liebe die Energie sei, die die Schöpfung in Gang setzt, und seine Antwort war: »Ich nenne es nicht einmal Liebe. Es ist eine Art von Ganzheit, so wie das Meer auch dann ganz ist, wenn es keine Wellen gibt.« Eine aufblühende Ganzheit, die mit sich selbst verschmilzt. Und innerhalb dieser Ganzheit blickt der Sternenstaub auf sich selbst und fragt: »Wer bin ich?«

Ein neuer Morgen brach an. Nebel hing über dem Fluss, während ein einsamer blauer Reiher tief über dem Wasser durch die Luft glitt und bereits seine Füße für die Landung ausstreckte. Die Farben seines Gefieders unterschieden sich kaum vom Graublau des frühen Morgendunstes, so als sei der Reiher bloß eine getarnte Bewegung.

Sie beobachtete, wie die ersten Lichtstrahlen sich vom Horizont aus durch den grauen Dunst und Nebel ausbreiteten, ein Anblick, in dem das Versprechen der kommenden Sonnenwärme lag. Sie hatte sich in bemerkenswert kurzer Zeit an ein Bewusstsein gewöhnt, das sich mit seiner Welt im Einklang befand. Was immer ihr begegnete, war ihr willkommen und wurde dann wieder losgelassen. Sie war aufmerksam, aber entspannt. Wach und doch unschuldig.

Sie bewegte sich durch den Raum, und der Raum bewegte sich durch sie. Alles war an seinem Platz.

Plötzlich bemerkte sie, dass jemand in der Nähe des Flusses stand, und die Umrisse eines Kopftuchs wurden im Morgenlicht sichtbar. Es war die alte Frau, die auf das Wasser blickte. Sie ging zu ihr, und gemeinsam beobachteten sie schweigend, wie der Reiher in einer Wasserfontäne abhob, zunächst über dem Fluss schwebte und dann in den Wald davonflog. Als sie den Vogel nicht mehr sehen konnten, wandten sie sich einander zu, verneigten sich zum Abschied voreinander und gingen ihrer Wege.